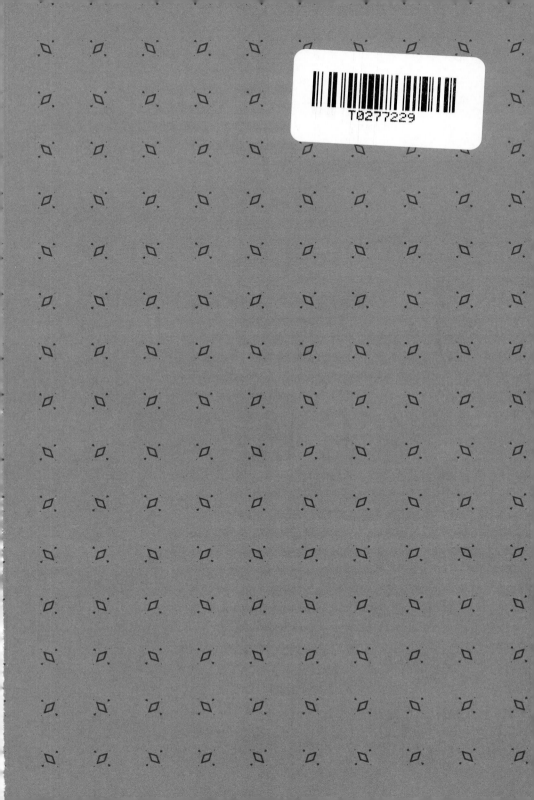

EL

PENSAMIENTO

DE

MILEI

Carlos Rodríguez Braun

EL PENSAMIENTO DE MILEI

MADRID | CIUDAD DE MÉXICO | BUENOS AIRES | BOGOTÁ
LONDRES | SHANGHÁI

Colección Acción Empresarial de LID Editorial
Editorial Almuzara S.L.
Parque Logístico de Córdoba, Ctra. Palma del Río, Km 4, Oficina 3
14005 Córdoba.
www.LIDeditorial.com
www.almuzaralibros.com

A member of:

businesspublishersroundtable.com

EAN-ISBN13: 978-84-10221-17-8
Directora editorial: Laura Madrigal
Editora de mesa: Paloma Albarracín
Corrección: Cristina Matallana
Maquetación: www.produccioneditorial.com
Diseño de portada: Juan Ramón Batista
Impresión: Cofás, S.A.
Depósito legal: CO-994-2024

Impreso en España / Printed in Spain

Primera edición: junio de 2024

Te escuchamos. Escríbenos con tus sugerencias, dudas, errores que veas o lo que tú quieras. Te contestaremos, seguro: *info@lidbusinessmedia.com*

A los liberales de mis dos patrias,
España y Argentina

Índice

Prólogo

Apenas conozco a Javier Milei, más allá de una única oportunidad en la que dialogamos, Zoom mediante, hace unos años (Rodríguez Braun 2021a). Me pareció un economista competente, y le estoy agradecido por las amables palabras que me dedicó.

Su salto a la política, empero, y la vertiginosa carrera que lo ha llevado en poco tiempo a la presidencia de la República Argentina, lo han convertido en una figura que ha llamado la atención en todo el mundo, independientemente de su desempeño anterior como economista.

Pues bien, este libro está dedicado precisamente a escudriñar ese desempeño, o más bien su sustrato ideológico. Cuando les planteé a mis editores, Marcelino Elosua y Manuel Pimentel, la posibilidad de escribir una obra sobre Milei y acogieron la iniciativa con generoso entusiasmo, les expliqué que me iba a circunscribir al ámbito de las ideas.

No hablaré casi sobre su persona, y un poco más sobre su Gobierno, que solo tiene unos meses de vida. Me centraré en sus textos y en declaraciones para intentar ponderar su liberalismo.

Tengo buena amistad con algunas personas que han tratado al presidente, y en especial con dos referentes doctrinales suyos a ambos lados del Atlántico: los profesores Alberto Benegas Lynch (h.) en la Argentina y Jesús Huerta de Soto en España, quienes, como otros liberales, en especial de la Escuela austríaca, suelen hablar de *estatismo* como el enemigo de la libertad, siguiendo la vieja línea hayekiana de oponer el liberalismo al socialismo *de todos los partidos*. Y también tengo amigos liberales contrarios a Milei, como Roberto Cachanosky. Sin embargo, he preferido no consultarles y abordar el pensamiento del actual presidente de la Nación Argentina sin intermediarios, por así decirlo.

En última instancia, como escribió Keynes al final de su *Teoría General* con unas palabras que Hayek me dijo que compartía plenamente, lo que de verdad importa son las ideas (Rodríguez Braun 1986, pág. 125). Las ideas se asocian a valores, normas, tradiciones e instituciones que fundamentan e hilvanan la vida en sociedad de manera mucho más sólida y perdurable de lo que nunca podrán lograr esos hombres providenciales, o héroes supuestamente determinantes de pretendidos e inevitables destinos históricos, de los que con acierto desconfió el gran liberal argentino Juan Bautista Alberdi.

Otra forma de apreciar la relevancia de las ideas liberales, y del marco institucional en el que se traducen y desembocan, es observar la reacción de sus enemigos. La que provocó la irrupción de Milei en la política, y en particular su llegada a la Casa Rosada de Buenos Aires, fue bastante llamativa.

Todo el pensamiento único políticamente correcto se conjuró para augurar el más inminente y temible apocalipsis. Se subrayó la retórica copiosa y agresiva del flamante político, atribuyéndole sistemáticamente el prefijo *ultra-* con tonos mucho más alarmantes de los que nunca había suscitado el lenguaje de, por ejemplo, Nicolás Maduro, Hugo Chávez o Andrés Manuel López Obrador, oradores no precisamente moderados o centristas, y desde luego nada lacónicos.

El presidente del Gobierno español, Pedro Sánchez, despotricó contra Milei desde la tribuna del Congreso de los Diputados de Madrid calificándolo de «líder de extrema derecha» y lamentando su «delirante discurso reaccionario». Los medios de comunicación de la izquierda recurrieron a titulares pavorosos que advertían contra «el desguace del Estado argentino» que pretendía acometer Milei y sobre el incremento de la pobreza y la exclusión que ello irremisiblemente desencadenaría. Como es natural, ninguno de esos medios ni políticos autodenominados *progresistas* había dedicado antes ni un minuto a reflexionar sobre la posible relación entre el crecimiento de ese mismo Estado y la generalización de la pobreza en el país austral. No, aquí parecía que el único problema era la motosierra de un bárbaro, un ultraderechista, un antidemócrata que se aprestaba a recortar los estupendos derechos sociales que habían logrado grandes progresos en una Argentina próspera.

Tan extraña situación, tan paradójicos diagnósticos, tienen a mi juicio un motivo no confesado pero digno de estudio. Se trata, precisamente, de las ideas de Milei. Su liberalismo, y más en concreto su victoria electoral y sobre todo su posible éxito futuro, han desatado una considerable inquietud en el mundo antiliberal, donde muchos han percibido que la extensión y el respaldo popular a las ideas liberales representan un peligro para los enemigos de la libertad vastamente más amenazador que el hecho de que una persona en concreto gane unas elecciones.

Un análisis de dichas ideas liberales de Milei es lo que encontrará el lector en las páginas siguientes.

Agradezco los comentarios de Gabriel Moukarzel, Enrique Pierri, Fernando Bautista Sagües y Julio Segura. Y, como siempre, el apoyo, la simpatía y la profesionalidad del equipo de Almuzara y LID Editorial.

C. R. B.
Sotogrande, Campo de Gibraltar, mayo de 2024

Introducción

«Somos libertarios en serio».
Javier Milei

Si hay una palabra que caracteriza el pensamiento y la acción política de Javier Milei, es *liberal*.

Se identifica él a sí mismo con ella y con variantes de ella, tales como *libertario*, *anarcocapitalista*, o *minarquista*. Algunos analistas lo califican de *paleolibertario* o *populista liberal*.

Como veremos, tiene rasgos que lo podrían situar en cualquiera de esas categorías. Pero sea cual sea la toponimia o taxonomía que finalmente le adjudiquemos o con la que lo abordemos, no cabe duda de que es un *liberal* en el sentido más lato de la expresión, es decir, una persona que defiende la limitación del poder del Estado en aras de la consecución de objetivos plausibles de carácter individual.

Este libro investiga ese liberalismo *mileiano*, si se me permite el neologismo, que sabemos que al propio Milei no le agrada. Puede verse en YouTube un vídeo de hace unos años con Ramiro, un niño entusiasta que le dice: «Yo soy mileiano», y el político argentino le responde: «Muchas gracias, pero prefiero que seas liberal».

El análisis que haremos del liberalismo de Milei no tiene ningún propósito jerarquizador. No me interesan las etiquetas, huyo de los certificados de pureza de sangre y me parecen ridículas las disputas sobre quién es más o menos liberal —me resultó inspirador al respecto el enfoque de la profesora María Blanco— (2015).

Es, en efecto, bastante fácil resbalar desde el severo *odium theologicum* hasta la estupidez magistralmente retratada en la famosa secuencia de *La vida de Brian* en la que los militantes judíos se ocupan de subdividirse y enfrentarse entre sí por querellas insustanciales en vez de oponerse al Imperio Romano, del que, además —como se ve en otra célebre escena: «¿Qué han hecho por nosotros los romanos?»—, no son capaces ni siquiera de estipular claramente por qué no les gusta.

Daré, pues, por sentado que Milei es liberal y procuraré estudiar cómo es su liberalismo. El lector que me acompañe podrá después atar cabos, o desatarlos, y colocar al nuevo presidente en la estantería ideológica que prefiera.

El libro está estructurado en seis capítulos.

Tras esta breve introducción, el capítulo 1 aborda un asunto que ha sido objeto de polémica: la originalidad del pensamiento de Milei. Ha sido, en efecto, acusado de copiar y plagiar obras ajenas.

El capítulo 2 trata de los antecedentes de Milei. La Argentina no tuvo solamente una época económica liberal sumamente brillante, entre 1880 y 1930, sino que también tuvo personalidades que defendieron el liberalismo, incluso cuando se sumió en un cono de sombra. Veremos que el propio Milei esgrime como bandera política la constatación del fracaso argentino cuando el país dio la espalda al liberalismo y la necesidad de recuperarlo para recuperar también el esplendor perdido.

Seguidamente, hay tres capítulos, 3, 4, y 5, que investigan el liberalismo de Milei en los ámbitos de los valores, la política y la economía.

El capítulo 6 se aventura a otear el horizonte y a especular sobre las posibilidades que un Gobierno liberal como el de Milei tiene de aplicar sus políticas y de llevarlas a buen término.

El último capítulo resume las conclusiones del libro.

1. Originalidad

«No existe el concepto del plagio: se ha establecido
que todas las obras son obra de un solo autor,
que es intemporal y es anónimo».

Jorge Luis Borges
Tlön, Uqbar, Orbis Tertius

Dado que nos ocuparemos de las ideas de Milei, conviene abordar primero el hecho de que algunas no son suyas.

En mayo de 2022, la revista argentina *Noticias* incluyó un reportaje de Tomás Rodríguez y Juan Luis González titulado: *Javier Milei, el gran copión.*

No era la primera vez que el economista era acusado de plagio. El año anterior, el sitio Medium había demostrado que Milei en sus artículos de prensa reproducía sin citarlos numerosos textos de autores liberales, como Hazlitt, Mises, Hayek y Murray N. Rothbard. Pero *Noticias* añadía:

«En aquel momento Milei argumentó que, al ser "notas de divulgación", no había necesidad de nombrar a los autores, por un tema "de practicidad". Aquel era un argumento intrincado —citar a alguien, al fin y al cabo, no ocupa más de una línea— pero, al menos, tenía alguna lógica en que todos los escritores copiados habían muerto hace más de tres décadas y eran popes de la ideología con la que Milei quiere conquistar a la Argentina. Pero lo que revela esta investigación de *Noticias* no tiene punto de comparación con aquel caso. Es que lo que hizo el economista en su último libro, *Pandenomics*, es una copia, un plagio, en toda regla, tomar el trabajo de otra persona y hacerlo pasar por propio. Es, además, un robo que traspasa fronteras, o al menos así lo entienden sus autores» (Rodríguez y González 2022; puede verse también Alfrey 2023, pág. 14).

Era el caso de los profesores Salvador Galindo Uribarri, Alberto Rodríguez y Jorge Cervantes, por un lado, y Antonio Guirao Piñera, por otro, a quienes Milei copiaba sin mencionar sus nombres. Rodríguez y González anotan asimismo varios casos de plagio o copia de informes de organismos internacionales, como el Fondo Monetario Internacional (FMI) y otros. En su libro, González es muy crítico con Milei: «Afirma haber escrito y elaborado algo que ni escribió ni elaboró, apropiándose del trabajo de otras personas, ha mentido sobre sus capacidades intelectuales y sobre su estatura ética. Afirma que no roba, cuando robó» (González 2023, pág. 163).

Todo indica que la acusación de plagiario es fundada. He visto en la tercera parte de *Libertad, libertad, libertad*, de Milei y Diego Giacomini, cuyo título reiterativo evoca la segunda línea del himno nacional de Argentina, copias literales sin comillas de párrafos enteros de Rothbard, incluso sin molestarse en corregir erratas como «las masas de hombres no cran (*sic*) sus propias ideas» (Milei y Giacomini 2019, pág. 168; Rothbard 2015). Milei no se ocupa de cambiar el estilo plomizo y burocrático del FMI, con lo que cualquier lector de la parte III de *Pandenomics* detecta que no brotó de la pluma de su supuesto autor, y una sencilla búsqueda en Internet revela que se trata de la reproducción literal del *Informe de perspectivas de la economía mundial* del FMI de enero de 2020. Sus citas de Adam Smith son iguales a las de Skousen (Milei 2014, págs. 234, 240, 304; Skousen 2010, págs. 50, 52, 67). Es probable que una investigación detallada descubra más casos de copia y plagio.

Milei quedó visiblemente molesto ante estos descubrimientos: «Le decía a quien lo quisiera escuchar que la "propiedad intelectual" no existe para un libertario anárquico como él, y que todos los escritores se basan en "trabajos previos", por lo cual es totalmente lícito usar lo que ya ha sido publicado» (González 2023, pág.153).

Esta objeción tiene escaso fundamento. Y no se trata de la supuesta inviolabilidad sacrosanta de la propiedad intelectual, que, efectivamente, puede ser discutida y matizada desde un punto de vista liberal (Rodríguez Braun 2001). Tampoco se trata de ignorar que prácticamente todo el mundo que crea lo hace basándose en la labor anterior de uno o varios, o incluso de muchos autores. Como dijo Newton: «Si he logrado ver más lejos, ha sido porque he estado de pie sobre los hombros de gigantes».

Aquí la cuestión estriba, por seguir con la frase de Newton, en que hay que reconocer a esos gigantes. Y, para colmo, es algo que suele ser, como señalan Rodríguez y González, bastante sencillo: se nombra al autor original y la obra; y, si es posible indicar capítulos y páginas, mejor. El economista liberal argentino, Roberto Cachanosky, crítico con Milei, apuntó: «Siempre se citan los autores: siempre. Si no, haces plagio» (González 2023, pág. 160).

Pues bien, Milei tiene la costumbre de no citar o citar de modo incompleto: entrecomilla textos sin apuntar las fuentes y no indica las páginas prácticamente nunca. Asimismo, y esto puede desorientar al lector, se copia a sí mismo.

Había hace muchos años un escritor español que publicaba y volvía a publicar sus mismos textos: era conocido sarcásticamente como *el Republicano*. Milei es un émulo argentino, puesto que acostumbra a reproducir en sus libros, sin citarlos ni incluirlos en la bibliografía, fragmentos, a veces extensos textos, que ya habían aparecido en obras anteriores.

Es un autor, en suma, descuidado y poco atento con sus lectores, a los que también suele abrumar con ecuaciones, disponibles en los manuales universitarios, que, si bien resultan accesibles para un economista profesional y prueban que sin duda Milei tiene soltura matemática, resultarán chocantes para el público en general.

Con todo, sin embargo, y aunque Milei tiene puntos de vista solventes e interesantes, la cuestión de su originalidad, o de su falta, no reviste extrema relevancia para el presente volumen. Nuestra tarea, en efecto, no pivotará fundamentalmente en torno a la originalidad académica del nuevo presidente argentino, sino a su liberalismo. En consecuencia, incluso si hubiese plagiado todo lo que ha dicho y escrito, cabría analizarlo aquí en la medida en la que hubiese reproducido a pensadores liberales, como de hecho con frecuencia sucede.

Dos notas finales. Una es el mal de muchos. Débil consuelo resulta, como advierte el refrán, pero es sabido que el plagio más o menos disimulado es algo que aqueja al mundo científico y universitario y que se ha extendido al ámbito político, y de Joe Biden a Vladimir Putin, de Dilma Rousseff a Pedro Sánchez, abundan los casos de dirigentes y altos funcionarios cuya originalidad —y también relevancia intelectual— ha sido puesta abiertamente en cuestión.

Por fin, no cabe desconfiar de la originalidad de Milei a la hora de plasmar ideas liberales en un discurso público, primero, y político, después. Resultó en ese campo innovador y notablemente exitoso.

2. Antecedentes

«Cuando adoptamos el modelo de la libertad
nos convertimos en la primera potencia mundial».
Javier Milei

La República Argentina, que se independizó definitivamente de España en 1816, entró en un período de perturbaciones y enfrentamientos políticos hasta la década de 1850. En 1853 se proclamó una Constitución liberal, abierta a los mercados y a las personas de todo el mundo, en la que resultó determinante el pensamiento de Juan Bautista Alberdi, un jurista, político y pensador liberal argentino seguidor de Smith.

Los años que siguieron, que los argentinos llaman de *organización nacional*, sentaron las bases de un marco institucional que permitió un progreso espectacular y la llegada de millones de inmigrantes que poblaron y cultivaron la nación, convirtiéndola en muy poco tiempo en una fuerza económica:

«Las exportaciones de trigo, que en 1888 habían alcanzado a unas 100 000 toneladas, se multiplicaron por 10 en 1893. El país mostraba una vigorosa expansión agrícola cuando, hasta 1876, aún importaba trigo». (Cortés Conde 1998, pág. 23).

Argentina de éxito

Ese modelo de la Argentina de éxito ha sido reiteradamente aludido por Milei, como en su discurso ante el Foro de Davos a comienzos de 2024:

«Nosotros estamos acá para decirles que los experimentos colectivistas nunca son la solución a los problemas que aquejan a los ciudadanos del mundo, sino que, por el contrario, son su causa. Créanme, nadie mejor que nosotros los argentinos para dar testimonios de estas dos cuestiones. Cuando adoptamos el modelo de la libertad, allá por el año 1860, en 35 años nos convertimos en la primera potencia mundial, mientras que cuando abrazamos el colectivismo, a lo largo de los últimos cien años, vimos cómo nuestros ciudadanos comenzaron a empobrecerse sistemáticamente hasta caer en el puesto número 140 del mundo» (Milei 2024a).

De hecho, su partido se presentó a las elecciones de 2023 con un programa que incluía unas consignas similares que invitaban *a volver a ser potencia* como antes de «los gobiernos populistas y totalitarios que marcaron el cambio de época de mediados del siglo pasado». Su partido, La Libertad Avanza, convocaba a los ciudadanos a «volver a ser el país pujante que éramos... volver a ser la potencia agropecuaria que dejamos de ser», incluso con bastante detalle: «El país volverá a ser un exportador importante de granos, carnes, oleaginosas, lana, flores y de todo tipo de productos provenientes de las economías regionales, como los cítricos, uva, vino, nueces, olivas, yerba mate, limones, duraznos, manzanas, cereza, tabaco, verduras, etc., tanto como materias primas como productos industrializados» (La Libertad Avanza, 2023). Mileí lo repitió al estilo de Donald Trump en sus discursos y comparecencias: «Argentinos, pongámonos de pie y hagamos —nuevamente— grande a la Argentina... abracemos estas ideas [liberales] hasta ser una potencia» (Mileí 2023b); «no nos vamos a rendir en volver a hacer Argentina grande nuevamente» (Mileí2024b).

La recuperación de la Argentina exitosa tiene que ver con la inmigración, pero en sentido contrario, la de los años recientes, cuando los argentinos empezaron a emigrar. La fotógrafa y maquilladora Lilia Lemoine, del equipo de Mileí, captó un elemento de su popularidad, y es el mensaje de la emigración como señal de la decadencia. En 2019 una señora la dijo a Mileí en una pastelería: «Sos mi única esperanza para que mi hijo no se vaya del país». Dijo Lemoine: «Yo me involucré en la política en 2018 porque decidí que quería ser madre y quiero que mis hijos crezcan en el país que mis abuelos soñaron, por eso voy a acompañar a Javier en esta odisea, este camino del libertario». El empresario y político de La Libertad Avanza, Ramiro Marra, apuntó: «La salida no es Ezeiza [aeropuerto internacional de Buenos Aires], sino la libertad» (Mileí 2022a, págs.73-74, 85).

Conviene destacar que en las décadas de la Argentina exitosa el liberalismo era transversal, puesto que lo compartían opciones políticas de izquierdas, a veces con mayor entusiasmo que la derecha. A propósito de la reforma monetaria que acabó con el patrón oro y creó el Banco Central de la República Argentina en 1935, Mileí cita al dirigente socialista Enrique Dickmann en su crítica a las autoridades:

«En este momento, los socialistas desempeñamos aquí un papel conservador. Queremos conservar instituciones económicas y monetarias argentinas que tienen casi medio siglo de vida y han dado resultados excelentes; los revolucionarios, los malos revolucionarios, son ustedes, que quieren echar abajo todo esto, que quieren reemplazar por cosas que no se sabe qué resultados darán. Es peligroso un salto en el vacío. [los socialistas recomendaban] Dejar

que las cosas se desenvuelvan naturalmente, sin la intervención pertur-
badora y anarquizante del Gobierno, y podrá pensarse en el porvenir,
cuando el momento llegue, en volver a la convertibilidad y por consi-
guiente a la estabilización» (Milei 2022a, págs. 211-212).

Esta posición no era excepcional en el socialismo. El fundador
del Partido Socialista Argentino, Juan B. Justo, defensor del libre
comercio, había proclamado en 1899: «La moneda sana de oro o
de papel convertible a la par debe ser también un postulado obrero
internacional» (Rodríguez Braun 2008b, pág. 577).

Liberalismo español

En sus libros, Milei menciona las extraordinarias cifras de la Argentina liberal: «Mientras que durante el período 1880-1944 el país
crecía al 4.8 %, el mundo lo hacía al 2.0 %», con lo que «mientras
Argentina multiplicó su PIB por veinte veces, el mundo lo hizo por
cuatro» (Milei 2015, pág. 20). Y en su discurso ante el Congreso el 1
de marzo de 2024 proclamó:

> «Volver a hacer de la Argentina una de las grandes naciones del
> mundo, líder y referencia de la región, una potencia productiva agrí-
> cola, energética, comercial, marítima y tecnológica, llena de vida,
> voraz por poblar los rincones de la patria con el espíritu de frontera
> que alguna vez nos caracterizó. Ese es el país con el que sueño y
> para el que gobierno... abandonar las recetas del fracaso y volver, tal
> como hicieron nuestros padres fundadores hace más de doscientos
> años, a abrazar de una vez y para siempre las ideas de la libertad»
> (Milei 2024c).

La consigna de poblar, como en el lema alberdiano «gobernar
es poblar», no tenía que ver solo con aumentar la población. En la
Argentina, como en toda América, había habitantes de linaje español,

y los pueblos originarios, por supuesto, eran muy anteriores. No era una noción demográfica, sino institucional, en la que Alberdi, como tantos otros liberales decimonónicos, buscaba inspiración en América del Norte: «Gobernar es poblar en el sentido de que poblar es educar, mejorar, civilizar, enriquecer y engrandecer espontánea y rápidamente, como ha sucedido en los Estados Unidos» (Alberdi 1915, pág. 14).

Esa admiración explícita hacia lo anglosajón puede interpretarse como una admiración implícita hacia España, que atesoraba una importante corriente liberal que se remontaba a la Edad Media cristiana y a los primeros conatos de limitación del poder real (las Cortes de León de 1188, que han sido llamadas *cunas del parlamentarismo*, son anteriores a la mucho más célebre Carta Magna inglesa de 1215).

Es frecuente situar el origen de la expresión *liberal* en su moderno sentido político en los doceañistas de Cádiz, aunque se utilizó en Gran Bretaña, y en particular por Smith y los pensadores de la Escuela Escocesa de Filosofía Moral. Ahora bien, las nociones liberales eran anteriores y, como ha demostrado el profesor León Gómez Rivas, viajaron desde la España de la escolástica al Reino Unido a través de los Países Bajos (Gómez Rivas 2020). Los escoceses, como el influyente William Robertson, subrayaron las peculiaridades de la política española, de Castilla y Aragón, a la hora de salvaguardar las libertades frente a los abusos de las monarquías (Klein 2023, págs. 17-18). Ese es el liberalismo que apreciaron los padres fundadores de los Estados Unidos, algunos entusiastas lectores de los pensadores de la Escuela de Salamanca, y el que propiciaban los liberales hispanoamericanos.

No es casualidad, por tanto, que la liberal Escuela austríaca de Economía, a la que ha terminado adscribiéndose Milei, reivindique a los escolásticos salmantinos como predecesores. Y tampoco lo es que destacados liberales, como Leonard Liggio, hayan invitado a los latinoamericanos a rescatar nociones de la España medieval y cristiana a la hora de promover una sociedad de mujeres y hombres libres (Liggio 1990). En los siglos XVI y XVII, en efecto, la Escuela de Salamanca fue pionera en defender los derechos de las personas, y en particular sus libertades económicas, y en recurrir al pensamiento religioso para argumentar en favor de la clave liberal por excelencia, la limitación del poder:

> «Francisco de Vitoria sostuvo que el comercio, lejos de ser un ámbito de codicia y pecado, proporcionaba enormes progresos al bienestar humano. Vitoria también arguyó que los derechos eran universales, y se aplicaban por tanto no solo a los españoles, sino también a los pueblos indígenas americanos, como iba a reiterar Bartolomé de las Casas [...]. Juan de Mariana refutó la idea de la pureza racial y rechazó la persecución de los judíos conversos. Denunció asimismo la propensión de la monarquía a extraer impuestos de sus súbditos sin su consentimiento y a envilecer la moneda, una práctica que equiparó con la tiranía [...]. Martín de Azpilcueta comprendió la naturaleza subjetiva de los precios y la relación entre la oferta monetaria y la inflación, un mal que atribuyó a la costumbre de los gobernantes de emitir moneda para financiar sus guerras exteriores y su despilfarro generalizado» (Raisbeck 2020).

Perón, y antes

Dentro y fuera de la Argentina, el peronismo es un candidato que suele suscitar consenso a la hora de fechar el punto de partida de la decadencia del país por su ruptura con el liberalismo anterior. Sin embargo, la realidad es más compleja, y ese punto de partida fue previo a la llegada de Juan Domingo Perón por primera vez a la presidencia de la República Argentina en 1946.

Su política fue sin duda muy antiliberal y revirtió las palancas alberdianas que habían promovido la prosperidad del país: atacó la propiedad privada y el libre comercio, expropió periódicos opositores, expandió el Estado, nacionalizó industrias y servicios públicos, estatizó el Banco Central de la República Argentina, intervino mercados y recortó libertades y derechos de diverso tipo.

Sin embargo, su demagogia populista no solo no restó apoyo popular al peronismo, sino que en sus diversas variantes ha seguido ganando elecciones y ha gobernado en reiteradas ocasiones en la Argentina democrática hasta 2023.

Más aún, el antiliberalismo impuesto por los peronistas no se corrigió realmente nunca, y los diversos gobiernos, democráticos y no democráticos, que lo sucedieron después del golpe militar que derrocó a Perón en 1955 continuaron una tradición intervencionista que no se ha interrumpido. Esa tradición es precisamente el objetivo principal de los mensajes rupturistas y renovadores de Milei, que por tal motivo no circunscribe sus diatribas contra el peronismo sino contra el estatismo; y, de hecho, en el discurso de la plaza Holanda en agosto de 2021 invitó explícitamente al «peronismo republicano» a que se uniera a su proyecto político (Milei 2022a, pág. 291).

Ahora bien, si el antiliberalismo continuó después del peronismo, no había nacido con él. En la Argentina, como sucedió en muchos otros lugares del mundo, las fuerzas antiliberales surgieron en el propio siglo liberal por antonomasia, el XIX. A menudo, y en paradójica contradicción con los religiosos liberales de la España y la Europa de centurias anteriores, lo hizo acompañado y propugnado por una Iglesia católica que marginó las enseñanzas salmantinas y abrazó las consignas intervencionistas por mor de la llamada *cuestión social* (Zimmermann 1995).

Cuando llegaron los peronistas al poder, ya el intervencionismo estaba extendido en la política y la opinión pública: «Antes de la guerra [Segunda Guerra Mundial], las corrientes antiliberales estaban muy difundidas» (Cortés Conde 1998, pág. 60). Así, cuando Alfredo Gómez Morales, que fue ministro de Asuntos Económicos y presidente del Banco Central en los primeros gobiernos del general Perón, recordaba las medidas que adoptaron, recalcaba que algunas no eran más que continuación de las políticas de los gobiernos conservadores que los habían precedido (Di Tella y Rodríguez Braun 1990, pág. 46).

Liberalismo argentino

Milei suele lamentar, como acabamos de ver, que el liberalismo en su patria lleve un siglo en el ostracismo político, pero lo cierto es que el propio Milei no surgió de la nada porque el liberalismo argentino no desapareció.

Igual que ocurrió en otros países, como España, las ideas liberales recorrieron un largo camino a partir de un reducido número de pioneros que osaron desafiar un entorno en el que el antiliberalismo era hegemónico. Dice Daniel Raisbeck: «En el caso argentino, el *mileísmo* probablemente comenzó en torno al año 1957, cuando un economista llamado Alberto Benegas Lynch —que era, por cierto, pariente del Che Guevara— fundó el Centro de Estudios para la Libertad» (Raisbeck 2023).

Alberto Benegas Lynch (h.) recuerda a menudo que su padre y un pequeño grupo de amigos se habían acercado antes al liberalismo de la Escuela austríaca a través del libro de Gottfried Haberler, *Prosperidad y depresión*, que los condujo a autores como Mises y Hayek, y al *think tank* liberal estadounidense Foundation for Economic Education.

Como explica el economista Adrián Ravier:

«En la Argentina, las ideas de la tradición austríaca recién penetran en la década de 1940, seguramente como respuesta al abandono de las ideas liberales presentes en las bases constitucionales de Juan Bautista Alberdi, y al abrazo de un intervencionismo y un proteccionismo creciente en la década anterior» (Ravier 2021).

Fundado el Centro de Estudios para la Libertad, Benegas Lynch y su grupo empezaron a difundir el liberalismo, invitando a algunos de sus principales pensadores, entre los que destacó Mises, con unas exitosas lecciones sobre el capitalismo que dictó en 1959 en la Universidad de Buenos Aires, que después fueron publicadas en castellano en Argentina y España (Mises 2009).

Benegas Lynch hijo continuó y potenció la labor de su padre al fundar en 1978, ayudado por varios empresarios, la Escuela Superior de Economía y Administración de Empresas, ESEADE, que ofreció cursos de posgrado y después también de grado. Cuenta con una revista académica, que se llamó primero *Libertas* y más tarde *Revista de Ideas, Instituciones y Mercados*. Benegas atrajo a ESEADE a figuras reconocidas, como el historiador Ezequiel Gallo, pero también a un grupo de jóvenes, entre los que destacó el economista Juan Carlos Cachanosky, hermano de Roberto, al que ya hemos mencionado. Benegas y Cachanosky serían profesores en la Universidad Francisco Marroquín de Guatemala, importante centro liberal del mundo hispanoamericano, que hace unos años ha abierto una sede en Madrid.

Ravier, que detalla los nombres y actividades de los liberales que fueron creciendo intelectualmente al amparo de la labor de Benegas Lynch (h.) (como Martín Krause, Gabriel Zanotti y otros), cuenta también que Benegas fue catedrático de Economía en la Facultad de Derecho de la Universidad de Buenos Aires, cuyo Departamento de Investigaciones recibió la visita de personas de ideología muy dispar, desde el economista y político kirchnerista Axel Kicilof hasta... Milei.

Las ideas liberales se extendieron por Argentina, como lo harían en toda América Latina, y también en España. Aparte de ESEADE, o la Fundación Atlas y la Fundación Libertad y Progreso y la Universidad UCEMA en Buenos Aires, ha sido destacable también la labor de la Fundación Libertad en Rosario, con una rama, la Fundación Internacional de la Libertad, con sede en España, y otras organizaciones liberales en Mar del Plata, Mendoza, Tucumán, Corrientes y otras ciudades.

Entonces, cuando Milei invita a la libertad y recibe un gran respaldo popular, conviene recordar que en ese éxito influyeron no solo la realidad de un país próspero que dejó de serlo cuando sus gobernantes impusieron el antiliberalismo y que por tanto puede haber animado la nostalgia por recuperar un pasado plausible, sino también la labor de los entusiastas que promovieron unas ideas que durante décadas fueron consideradas absurdas, marginales, extrañas e inaplicables.

3. Valores

—

«Una cosa son los hombres de una escuela
y otra cosa es un grupo de gramófonos».
José Ortega y Gasset

El propio Milei ha reconocido: «No siempre fui liberal», y se ha situado: «Hay tres familias de liberales. Están los liberales clásicos, los minarquistas y los anarquistas. Filosóficamente, soy anarcocapitalista y en la vida real soy minarquista» (Milei 2022a, págs. 275-276; ver también págs. 41, 290, 305-7).

El liberalismo clásico no cuestiona la existencia del Estado, pero sí postula la necesidad de limitarlo para que proteja los derechos y libertades de las personas y no los quebrante; el minarquismo defiende la existencia de un Estado mínimo, restringido a las misiones de seguridad, justicia y defensa, y el anarcocapitalismo cuestiona la necesidad del Estado, argumentando que la sociedad podría organizarse en paz, libertad y prosperidad sin él.

Veremos cómo el pensamiento de Milei va evolucionando, acercándose y alejándose de esas tres familias, e incorporando nuevas consideraciones y consignas, lo que resultó cada vez más patente a partir de su salto a la política, puesto que inevitablemente fue requerido para que abordase numerosos temas que iban más allá de lo que había sido hasta entonces su especialidad profesional y académica: la economía, que analizaremos en el capítulo 5.

Pero el liberalismo no se limita a la economía, y desde luego el liberalismo de Milei tampoco, sino que enarbola la consigna de la libertad desde un punto de vista ético e invita a sus partidarios a que la promuevan por sí misma como valor. No se ha hecho célebre por proclamar: «¡Viva la economía de mercado!», sino «¡Viva la libertad!», si bien añade a su llamamiento la malsonante expresión *carajo*, no solo como énfasis cercano y popular. Su pensamiento sugiere, en efecto, que la libertad ha de ser salvaguardada en tanto que valor en sí misma y que la estrategia liberal de Milei no solo trasciende el ámbito de la economía, sino que constituye un desafío a la corrección política, cuyos dogmas y prescripciones son objeto frecuente de sus críticas.

Religión

Una demostración de la incorrección política de Milei es su religiosidad. No solo ha abrazado el judaísmo, sino que abundan en sus discursos políticos las referencias a Dios. En sus primeras palabras pronunciadas como jefe del Estado, el 10 de diciembre de 2023, pidió desde el balcón de la Casa Rosada al público de la Plaza de Mayo: «Que Dios los bendiga y que las fuerzas del cielo nos guíen» (Milei 2023b).

Así habla Milei de sí mismo:

«Un presidente que puede no tener el poder de la política, pero que tiene el poder de la convicción y el apoyo de los millones de argentinos que quieren un cambio de verdad. Porque, como dicen las Sagradas Escrituras en el libro de Macabeos y que se conmemora en la fiesta de Janucá, la victoria en la guerra no depende de la cantidad de soldados, sino de las fuerzas que vienen del cielo» (Milei 2024c).

Se ha comentado:

«No deja de ser sorprendente para alguien que se autopercibe libertario anarcocapitalista: no hay nadie con peso en la política argentina que le dé tanto lugar a Dios en su relato como Milei» (González 2023, pág. 96).

Los enemigos de Milei han considerado que el respaldo a la religión, como a la patria o la familia, son pruebas irrefutables de que los argentinos verían recortados sus derechos y libertades. Pero el nacionalismo es compatible con el liberalismo (Huerta de Soto 2023) y, aunque la religión y el liberalismo han registrado enfrentamientos desde el siglo XIX, su incompatibilidad está lejos de ser evidente (Rodríguez Braun 2024).

Sin embargo, Milei ha sido caricaturizado por su religiosidad, «un artilugio populista más… una involución hacia las formas más primitivas de política que socava los cimientos de un Estado secular y liberal» que ignora «la separación entre la religión y el Estado, esto es, la política, el uso del poder y su racionalidad liberal»; la sociedad sin Estado sería «regida por la Iglesia como una forma más pura del poder», mientras que «el liberalismo, sin plantear dejar de lado la religión para gobernar, no sería liberalismo» (Benegas 2024, págs. 71-72).

Esta interpretación desfigura el pensamiento de Milei, quien nunca habla de sustituir la imposición estatista por la religiosa. Por tanto, es erróneo asimilarlo con quienes «se declaran partidarios de poner fin al secularismo y construir un Estado confesional y con una policía moral» porque el suyo no es «un liberalismo que se maneja encerrado en los márgenes de la religión más recalcitrante»

(Benegas 2024, págs. 213, 219). En ningún caso Milei identifica las ideas religiosas con su imposición política. Lo que sí denuncia es la moralización de la política que realizó el Estado moderno bajo el manto de la neutralidad ética y el laicismo y el empeño de los antiliberales de actuar disfrazados de una supuesta antirreligiosidad para intentar sustituir la Iglesia por el poder político. De ahí que advierta contra la gente «que actúa a partir de un pensamiento equivocado, uno que mamaron desde muy chiquitos en la escuela, cuya función es adoctrinar en la religión del Estado» y avise de que «la educación pública no es laica, sino que tiene como rol fundamental adoctrinar en la religión del Estado» (Milei y Giacomini 2019, pág. 174). Utiliza la expresión *religión del Estado* para advertir frente al intervencionismo, no solo ni principalmente en sus aspectos económicos, sino especialmente morales; por ello critica a quienes recomiendan la expansión del gasto público «sin nunca mencionar los riesgos que ello implica para nuestra libertad», a la vez que invita a defender «las libertades individuales acorraladas contra la pared por el creciente accionar del Estado» (Milei 2014, págs. 89, 97-98, 122).

Insiste en que el estatismo se ha de combatir desde la moral, porque los argumentos técnicos con los que cabe hacerle frente son inútiles, «a menos que podamos demostrar que los ataques socialistas basados en la ética son falsos y carentes de todo fundamento». En efecto:

«El hombre solo puede ser moral cuando es libre. Solo cuando tiene libertad para elegir puede afirmarse que elige el bien y no el mal. Solo siente que se lo trata con justicia cuando tiene libertad para elegir, cuando tiene libertad para obtener y conservar los frutos de su trabajo. A medida que reconoce que su recompensa depende de su propio esfuerzo y producción al servicio de sus semejantes, cada hombre cuenta con el máximo incentivo para cooperar ayudando a los demás a hacer lo mismo. La justicia del sistema proviene de la justicia de las recompensas que ofrece» (Milei y Giacomini 2019, pág. 26).

Por eso, mientras proclama: «Soy un agradecido a la vida y a Dios», Milei sostiene que, aunque «el capitalismo ha hecho más que cualquier otro sistema para promover el bienestar», su virtud estriba en que «el sistema capitalista resulta esencialmente justo»; «el liberalismo no solo es más productivo, es el único sistema justo»; «El capitalismo y el liberalismo no solo son superiores en lo productivo, hay una superioridad moral por abrazar los mejores valores de Occidente, que se transformaron en instituciones que hicieron rico el planeta» (Milei 2022a, págs. 55, 146-147, 262, 268).

Las mismas razones morales lo llevan a oponerse a los impuestos cuando llegan a los niveles confiscatorios que alcanzan en la Argentina sobre la economía formal, lo que permite a Milei trazar una distinción entre el liberalismo que recela de la fiscalidad *per se* y el que lo hace por razones técnicas, por ejemplo, porque puede ahogar el crecimiento económico:

«Para los libertarios la política fiscal es violencia y crimen. Es saqueo. Es robo organizado y sistemático de un mismo grupo social a expensas de otro (siempre mismo) grupo social. Los libertarios queremos disminuir esta inmoralidad, esta violencia, este robo, este saqueo. Esta es nuestra discusión de primer orden. Después vienen los fenómenos de segundo orden, como la eficiencia resaltada por el liberalismo clásico» (Milei y Giacomini 2019, pág. 264).

En su discurso ante la Conferencia Política de Acción Conservadora (CPAC), en febrero de 2024, Milei invitó a la resistencia frente a los enemigos de la libertad, que son los políticos «que ponen sus privilegios por encima del bienestar de los argentinos», los empresarios no competitivos o «prebendarios que hacen negocios con los políticos corruptos», los «sindicalistas que se ocupan de sus negocios en contra de la gente» o los «medios de comunicación corruptos que están muy enojados con nosotros porque les eliminamos la pauta oficial» [supresión de la publicidad institucional], y también «aquellos profesionales que son funcionales a la religión del Estado que viven de defender a estos corruptos». El objetivo final es proteger la libertad de las personas, que está en peligro incluso en los regímenes democráticos occidentales a causa del estatismo:

> «Hoy los Estados no necesitan controlar directamente los medios de producción para controlar cada aspecto de la vida de los individuos. Con herramientas como la emisión monetaria, el endeudamiento, los subsidios, el control de la tasa de interés, los controles de precios y las regulaciones para corregir los supuestos "fallos del mercado", pueden controlar los destinos de millones de seres humanos» (Milei 2024b).

Por eso en la advertencia que lanzó Milei en su discurso de Davos no subrayó las facetas económicas, sino los valores ligados a los derechos y libertades de nuestra civilización:

> «Hoy estoy acá para decirles que Occidente está en peligro, está en peligro porque aquellos que supuestamente deben defender los valores de Occidente se encuentran cooptados por una visión del mundo que —inexorablemente— conduce al socialismo, en consecuencia, a la pobreza. Lamentablemente en las últimas décadas, motivados algunos por deseos biempensantes de querer ayudar al prójimo y otros por el deseo de querer pertenecer a una casta privilegiada, los principales líderes del mundo occidental han abandonado el modelo de la libertad por distintas versiones de lo que llamamos *colectivismo*» (Milei 2024a).

Envidia

En su discurso en la porteña Plaza Holanda en agosto de 2021, dijo Milei:

«Vengo no solo a pedirles que nos acompañen en la revolución de la libertad; les pido que nos acompañen en una revolución moral; en una revolución que termine de sacar los valores del socialismo, que son la envidia, el odio, el resentimiento, el trato desigual frente a la ley, el robo y el asesinato, para ir hacia una sociedad que viva del fruto del trabajo; que nos ganemos el pan con el sudor de la frente, sirviendo al prójimo, con bienes de mejor calidad a menor precio» (Milei 2022a, págs. 265-266).

En la tendencia liberal a no reducir las virtudes de la libertad a la economía sino extenderlas a los valores, Milei indica la relación entre ambos:

«En las sociedades donde hay mercado se convive mejor, no solo porque, como dice Bastiat, donde entra el comercio no entran las balas, sino también porque, como dice Bertrand de Jouvenel, donde hay mercado las costumbres son dulces, donde hay mercado hay valoración. Cuando alguien da algo, eso que da tiene valor. Se valora. Y se aprecia. En cambio, hay infinitamente menos dulzura si se cree que se tienen puros derechos, se exige y se vive siendo un ingrato, teniendo una actitud mezquina, que es precisamente lo que domina al pensamiento de izquierda: la mezquindad, la envidia, el odio y el resentimiento. ¿La izquierda qué te dice? Odia al que te está dando trabajo porque es un hijo de puta que te está explotando... En cambio, en la visión de mercado se trata de alguien al que le va bien por su propio esfuerzo» (Milei 2022a, pág. 59).

Mientras, el estatismo es fundamentalmente inmoral:

«Nos vemos atrapados en un marco que ha pervertido profundamente al sistema de incentivos que conduce a la creación de riqueza, donde el mismo, entre otra infinidad de cosas, promueve estudiantes sin suspensos, el castigo al exitoso, la pontificación del fracaso, vivir del trabajo ajeno y la multiplicación desenfrenada de delincuentes sin condena» (Milei 2015, pág. 9).

La envidia, el pecado antisocial por excelencia, es fomentada por el estatismo que continuamente invoca su carácter *social* (Rodríguez Braun 2008a). Milei ataca con frecuencia el intervencionismo que se abraza a la excusa de la desigualdad como si hubiera sido perversamente provocada por personas concretas, cuando en verdad «en la distribución capitalista no existe una unidad central que sea responsable de cortar y repartir la tarta, ya que los ingresos se determinan impersonalmente como resultado de la interacción de los innumerables participantes en el mercado» (Milei 2020, pág. 335). Al final lo que sucede es que «los militantes del odio, la envidia y el resentimiento sacaron a pasear sus miserias», cuando:

«se apoyan en el descontento que el éxito de un grupo de hombres produce en los menos afortunados o, para expresarlo de otro modo, directamente, en la envidia. De hecho, la moderna tendencia a complacer tal pasión disfrazándola bajo el respetable ropaje de "la justicia social" representa una seria amenaza para la libertad» (Milei 2020, pág. 337).

El Estado moderno, esencialmente redistribuidor, no es por ello virtuoso, sino al revés:

«La continua exacerbación de la puja distributiva encarada por el Gobierno ha llenado a la sociedad de envidia y resentimiento mediante el uso y el abuso del poder, de la utopía de la igualdad de resultados, cuando lo que se debería reclamar son las condiciones para que cada persona se pueda desarrollar libremente, percibiendo los beneficios de sus esfuerzos y pagando los costes de sus errores» (Milei y Giacomini 2016, pág. 30).

Mientras que la relación libre en la sociedad civil y el mercado comporta esforzarse para intercambiar el fruto de nuestro trabajo y nuestra propiedad con otras personas de forma voluntaria, el estatismo quiebra y distorsiona esa relación, tornándola inmoral:

> «La puja distributiva encarada por el kirchnerismo ha llenado la sociedad de envidia y resentimiento, generando un daño cultural que ha llevado a muchas personas a desconectar la relación entre el nivel de esfuerzo y los resultados» (Milei y Giacomini 2017, pág. 407).

Veremos con más detalle cómo Milei refuta los argumentos estatistas en torno a la desigualdad, pero en su razonamiento es sistemática la alabanza al libre mercado capitalista y su condena al antiliberalismo por razones morales: «La justicia social es injusta» (Milei y Giacomini 2019, págs. 3, 19, 20):

> «Lejos de ser la causa de nuestros problemas, el capitalismo de libre empresa, como sistema económico, es la única herramienta que tenemos para terminar con el hambre, la pobreza y la indigencia a lo largo y a lo ancho de todo el planeta. La evidencia empírica es incuestionable. Por eso, como no cabe duda de que el capitalismo de libre mercado es superior en términos productivos, la *doxa* de izquierda ha atacado el capitalismo por sus cuestiones de moralidad, por ser, según ellos, dicen sus detractores, injusto» (Milei 2024b).

> «El capitalismo de libre empresa no solo es un sistema posible para terminar con la pobreza del mundo, sino que es el único sistema moralmente deseable para lograrlo» (Milei 2024a).

El estatismo, sostiene Milei, ha fracasado en la Argentina doblemente, tanto en lo material como en los principios: «No solo nos ha hundido en una decadencia económica sin parangón, sino que además ha llenado la sociedad de envidia, de odio y resentimiento»; apostar a la subida del impuesto sobre la renta «no es más que la consagración de la envidia como forma de hacer política económica». Los resultados son los opuestos a los buscados, porque el estatismo «obstaculiza el ascenso en la pirámide de riqueza y produce un sistema de inmovilidad y rigidez social» y es regresivo en su castigo sistemático a los más pobres: «La búsqueda de una mayor igualdad con movilidad social ascendente termina conduciendo a una mayor desigualdad con una perpetuación de la estructura inicial [...], no solo implica la consagración de la envidia, sino que además asegura que quien haya nacido pobre muera pobre» (Milei y Giacomini 2017, págs. 415, 417).

Aborto

Otro de los aspectos en los que Milei choca no solo contra la izquierda sino también contra destacados liberales, referentes ideológicos suyos, es la cuestión del aborto. Había sostenido que su liberalismo no era de derechas, porque la derecha es liberal en lo económico y conservadora en lo social; y tampoco de izquierdas, porque la izquierda es liberal en la cama, pero intervencionista en la economía —el suyo, argumentaba, era un liberalismo en todos los sentidos— (Fantino 2018). Y en ese liberalismo no cabe el aborto. Ni, por cierto, tampoco la eutanasia. Su partido político incluyó en la campaña electoral de las presidenciales «la defensa del derecho a la vida desde la concepción» y la necesidad de «proteger al niño desde la concepción y al adulto mayor hasta su muerte natural» (La Libertad Avanza 2023).

Milei habla directamente de *asesinato* al referirse al aborto. Al analizar los problemas económicos vinculados con la demografía, Milei critica los gobiernos que intentan una engañosa e inmoral solución, «la agenda asesina del aborto»:

> «Una agenda asesina de la que podemos encontrar sus orígenes ya con los egipcios intentando exterminar a los judíos o con el caso de Malthus con su tratado sobre la población y la ley de hierro de los salarios que promovía el control de la natalidad; o más cercano —a fines de la década de 1960—, el Club de Roma, donde decía que,

como el mundo se movía con energías fósiles y como esas energías no son renovables, predecía que en el año 2000 se iban a agotar esos recursos [...]. Hoy habiéndose desclasificado los archivos de Nixon y Kissinger sabemos que propusieron esa agenda asesina del aborto [...]. En el mundo viven 8000 millones de seres humanos. Sin embargo, no cesan esa agenda asesina; de hecho, el posmarxismo frente a su derrota en lo económico ha trasladado sus batallas de lucha de clases a otros aspectos de la vida, por ejemplo, el ecologismo; donde plantean la lucha del hombre con la naturaleza, donde culpan al ser humano del calentamiento global, cuando esto ya ha pasado cuatro veces en la historia del planeta Tierra y no vivía el ser humano, y donde para corregir este problema a los neomarxistas no se les ocurre otra cosa que exterminar a los humanos» (Milei 2024b).

Conviene recordar que esta posición tan contraria al aborto no solo enlaza a Milei con la religión, sino que lo aparta de uno de sus maestros intelectuales y destacado integrante de la Escuela austríaca, Rothbard, quien escribió:

«¿Qué seres humanos, si se nos permite la pregunta, tienen derecho a ser parásitos coactivos dentro del cuerpo de un anfitrión que no los quiere aceptar? Si ningún ser humano ya nacido tiene tal derecho, menos aún lo tienen, *a fortiori*, los fetos [...] en la sociedad libertaria la madre tiene derecho absoluto sobre su cuerpo y puede, en consecuencia, decidirse por el aborto» (Rothbard 1995, págs. 148, 156).

El mismo pensador liberal, que Milei ha dicho que lo convirtió al anarcoliberalismo, habló de la venta de niños: «En una sociedad absolutamente libre puede haber un floreciente mercado libre de niños». Reconoció que «parece cosa monstruosa e inhumana», pero «existe ya de hecho este mercado infantil, solo que, dado que los gobiernos prohíben vender a los niños por un determinado precio, los padres se ven ahora obligados a entregarlos a centros de adopción» (Rothbard 1995, pág. 155; Cassidy 2023). El propio Milei suscitó indignación cuando pareció secundar esta idea —«dependía del contexto»—, pero rectificó después (Alfrey 2023, pág. 15). Otro tanto sucedió con la venta de órganos —«es un mercado más»—, sobre lo que también matizó sus opiniones con el tiempo ante la reacción negativa por parte de diversos grupos y personas de la sociedad y la política argentinas (Kordon 2022, pág. 64; González 2023, pág. 28).

Ha mantenido, en cambio, además de su defensa de la prostitución como una actividad que el poder no debe prohibir (Alfrey 2023, pág. 10), su apoyo al uso privado de las armas, incluido en su programa electoral: «Sobre la tenencia de armas de fuego planteamos la desregulación del mercado legal y proteger su uso legítimo y responsable por parte de la ciudadanía» (La Libertad Avanza 2023). Y siempre ha sostenido una posición contraria al aborto, que a veces relaciona con sus críticas al ecologismo antiliberal:

> «Las nuevas versiones del maltusianismo, desde el Club de Roma hasta la policía verde ecologista, deberían internalizar la recurrencia conceptual de sus errores, al margen de que algunos de dichos errores están llevando al asesinato de millones de inocentes en el vientre materno» (Milei 2022a, pág. 46).

Matrimonio

Un capítulo en el que Milei también se opone a la corrección política es en su defensa de la familia y el matrimonio y su ataque a la ideología de género, la Educación Sexual Integral que se imparte en toda Argentina por mandato legal y el feminismo antiliberal.

Esto ha provocado una fuerte reacción en contra por parte de la izquierda en todo el mundo (Benegas 2024, pág. 185). Se llegó a sostener que ratificaba el fascismo de Milei con la tríada Dios-familia-nación, un argumento doblemente absurdo. Por un lado, los tres ingredientes pueden ser defendidos desde el liberalismo y contra el fascismo y, por otro lado, el fascismo confluye con la izquierda en su antiliberalismo mucho más de lo que los propios progresistas estarían dispuestos a admitir. Lo cierto es que la expansión del Estado y el control de precios, mercados y propiedades se encuentran con análogo entusiasmo en las consignas de Mussolini (o, dado que hablamos de la Argentina, de Perón) y también en las de numerosas fuerzas progresistas. El propio Milei esgrimió contra sus adversarios antiliberales el lema mussoliniano: «Todo en el Estado, nada contra el Estado, nada fuera del Estado» (Milei 2020, pág. 325) y condenó explícitamente el fascismo de los estatistas gobernantes argentinos: «la política económica fascista que nos atormenta y que es la base de nuestra decadencia» (Milei y Giacomini 2017, pág. 415).

De entrada, Milei rechaza el feminismo radical que considera la relación mujer-hombre solamente como conflictiva y no cooperativa. Sitúa el asunto en la mencionada actualización doctrinal acometida por el socialismo en busca de nuevos estandartes tras la derrota del marxismo que simbolizó la caída del Muro de Berlín:

«Dado el estrepitoso fracaso de los modelos colectivistas y los innegables avances del mundo libre, los socialistas se vieron forzados a cambiar su agenda. Dejaron atrás la lucha de clases basada en el sistema económico para reemplazarla por otros supuestos conflictos sociales igual de nocivos para la vida en comunidad y para el crecimiento económico. La primera de estas nuevas batallas fue la pelea ridícula y antinatural entre el hombre y la mujer.

El libertarismo ya establece la igualdad entre los sexos. La piedra fundacional de nuestro credo dice que todos los hombres somos creados iguales, que todos tenemos los mismos derechos inalienables otorgados por el creador, entre los que se encuentran la vida, la libertad y la propiedad. En lo único que devino esta agenda del feminismo radical es en mayor intervención del Estado para entorpecer el proceso económico, dar trabajo a burócratas que no le aportaron nada a la sociedad, sea en formato de ministerios de la mujer u organismos internacionales dedicados a promover esta agenda» (Milei 2024a).

En su apuesta por la igualdad y los acuerdos, Milei es defensor del matrimonio en tanto que antiguo, reconocido y tradicional contrato. Cuando es interrogado respecto a su punto de vista sobre el matrimonio homosexual, suele indicar que él se opone «a la intervención estatal en la institución matrimonial, del mismo modo que respecto a la intromisión en cualquier contrato entre partes» (Elijo 2023, pág. 165). Ha sostenido: «El matrimonio es un contrato entre dos seres humanos», sin distinción de sexo, pero añade este importante matiz: «Estoy en contra de que ese contrato sea regulado por el Estado [...]. Mi problema radica en la presencia del Estado» (Milei 2022a, págs. 295-296).

Lenguaje

Una ilustración del liberalismo de Milei en términos de la acción política sobre usos y costumbres relativos a la igualdad entre los sexos fue una temprana medida que adoptó pocas semanas después de llegar a la Casa Rosada porteña. A finales de febrero de 2024 su Gobierno prohibió el lenguaje inclusivo y la perspectiva de género en la Administración pública de la República Argentina. El portavoz presidencial, Manuel Adorni, compareció y lo explicó así: «No se va a poder utilizar la letra *e*, la arroba, la *x* y [se va a] evitar la innecesaria inclusión del femenino en todos los documentos».

La reacción de protesta fue inmediata, y los calificativos, esperables: ultraderechista, radical, peligroso para los derechos y las libertades, retrógrado, discriminatorio, contrario a las conquistas progresistas, etc.

Según recogió la prensa argentina, esta medida obedecía a que según Milei —quien eliminó apenas asumió la presidencia el Ministerio de las Mujeres, Géneros y Diversidad— la izquierda ha utilizado el lenguaje como forma de promover su agenda antiliberal y adoctrinadora. La ideología de género, y como muestra de ella el lenguaje inclusivo, «destruyen los valores de la sociedad». Cuando una periodista le preguntó a Adorni qué iba a suceder con «los sectores que no se sienten contemplados» en el idioma castellano, el portavoz respondió: «El lenguaje que contempla todos los sectores es el español. Es un debate en el cual no vamos a participar porque consideramos que las perspectivas de género se han utilizado también como negocio de la política». El ministro de Defensa, por su parte, también estableció «la obligatoriedad del idioma castellano, conforme a las normas de la Real Academia Española».

Los académicos jamás han aceptado el lenguaje inclusivo impuesto políticamente por la muy razonable y muy liberal consideración de que el lenguaje no es propiedad del poder, sino de los hablantes. Mario Vargas Llosa lo consideró «completamente ridículo», y sobre la posibilidad de que se generalizara en el futuro, añadió que sería como separar el español en idiomas diferentes: «Si cada sector social va a determinar la manera como debe ser expresado ese sector, es el camino a la confusión». El diario *El País* informó el 27 de febrero sobre el lenguaje inclusivo:

> «La Real Academia Española (RAE) ha rechazado su implementación y ha considerado que el uso del masculino gramatical "no supone discriminación sexista alguna". Los cambios en el idioma llevan siglos y esa forma de expresión es solo "el espejo de una posición sociopolítica", como expresó la presidenta de la Academia Argentina de las Letras, Alicia Zorrilla, a *El País* en 2019».

Cabe recordar que el Gobierno de Milei no le impone ninguna prohibición al pueblo argentino, sino solo a las Administraciones públicas. Los ciudadanos podrán seguir hablando como buenamente les parezca, aunque no cabe descartar, a tenor de cómo hablan y cómo piensan las personas en todo el mundo, que den la bienvenida a que políticos y burócratas comiencen a hablar como la gente corriente, y seguramente respaldarán la opinión de Vargas Llosa sobre lo ridículo que resulta el denominado *lenguaje inclusivo*. Acaba de suceder en su tierra natal: en abril de 2024 el Congreso peruano aprobó eliminar el lenguaje inclusivo en textos escolares y documentos públicos.

Dictadura

Dada la importancia que asigna Milei a los valores de la libertad, podemos concluir este capítulo abordando su ausencia, es decir, qué piensa el nuevo presidente argentino de la dictadura del general Videla y sus sucesores.

Aquí tenemos una nueva muestra de irreverencia de Milei respecto al pensamiento único.

El 24 de marzo de 2024, aniversario del golpe militar de Videla y día festivo en la Argentina desde la Ley 26.085, promulgada durante la presidencia de Néstor Kirchner el 20 de marzo de 2006, el Gobierno de Milei publicó un vídeo reivindicando la «memoria completa», emitido desde la página oficial de la Casa Rosada, bajo el título *24 de marzo: Día Nacional de la Memoria por la Verdad y la Justicia Completa*, y con un texto que, entre otras cosas, decía lo siguiente:

«En este día, se ha ocultado por años una parte de la historia, sin darle el merecido reconocimiento a las víctimas de la guerrilla, por parte de grupos terroristas como Montoneros, Ejército Revolucionario del Pueblo, Fuerzas Armadas Revolucionarias y Fuerzas Armadas Peronistas, entre otros.

Al cumplirse 48 años de aquel enfrentamiento entre la guerrilla y la dictadura militar autodenominada *Proceso de Reorganización Nacional*, el 24 de marzo es una fecha que nos invita a reflexionar y consolidar la memoria completa de lo ocurrido en ese período histórico.

La fecha llama a repudiar tanto el autoritarismo y los excesos del Estado como las subversiones armadas que vulneran el imperio de la ley. Asimismo, es una fecha que llama a poner en valor la democracia como un sistema fundamental que nos permite el ejercicio de la libertad».

Como otros casos que hemos repasado brevemente en las páginas anteriores, se desató una furibunda reacción contra el supuesto *negacionismo* de Milei, como si las nuevas autoridades argentinas hubiesen decidido quebrantar la historia real del país. No había sucedido nada parecido, pero sí había ocurrido otra cosa: por primera vez, un Gobierno argentino había osado cuestionar lo que el kirchnerismo había impuesto como lo que dio en llamarse *el relato*".

En realidad, se trataba de una fábula, que consistía en reducir la historia de la violencia política del país exclusivamente a unos militares genocidas que, por pura maldad, se habían conjurado en 1976 para derrocar al Gobierno de Isabel Martínez de Perón, instaurar una tiranía en contra de la voluntad del pueblo, y provocar matanzas sin cuento. Simplemente, se dio por supuesto que los derechos humanos solo habían sido violados por las Fuerzas Armadas (Kordon 2022, págs. 56-57).

Este reduccionismo, realmente negacionista, y que tiene un equivalente en la maniobra de la izquierda en España para situar al el Franquismo como el único culpable de la guerra civil y la subsiguiente dictadura después de 1939, no tiene aval histórico y es un caso más de manipulación del pasado para promover una agenda política en el presente. Igual que en España, en la Argentina las autoridades no le habían hecho frente hasta la llegada de Milei a la presidencia del Gobierno.

Es importante recordar que, así como el rechazo a la distorsión del papel de la izquierda antes y durante la guerra civil no significa en absoluto aplaudir la dictadura franquista, la reacción de Milei contra *el relato* forzado por el kirchnerismo tampoco significa respaldar la dictadura militar. El comunicado de la Casa Rosada explícitamente la condena e invita a considerar toda la historia, no solo una parte.

El desafío a la historia oficial de la izquierda no empezó en 2024, por supuesto, porque durante muchos años unas voces minoritarias en la Argentina se habían alzado para cuestionar alguno de sus dogmas más extendidos, en particular el número de las víctimas de los militares, que, como reconoce uno de los protagonistas *del relato*, fue artificialmente inflado por los terroristas. El propio Milei se quejó sobre el tema: «Nos impusieron por ley y a la fuerza hablar de 30 000 desaparecidos», mientras que no dejó de condenar el régimen militar (Milei 2022a, pág. 271; Alfrey 2023, pág. 16; Milei 2024c, pág. 84).

4. Política

———

«Nosotros no gobernamos para ser populares».
Javier Milei

Milei es un extraño para la política, un *outsider*, como él mismo se definió (Milei 2023a, pág. 121), y como lo reconocieron sus adversarios, como el kirchnerista Juan Manuel Abal Medina, quien lo llamó:

> «El primer verdadero *outsider* de la historia argentina, alguien que no tiene prácticamente ninguna experiencia política ni administrativa y cuya fuerza partidaria es casi inexistente. Nunca un presidente en Argentina asumió el poder con tan escasos apoyos parlamentarios y territoriales» (Abal Medina 2023).

Rechazo

No solamente es el nuevo presidente argentino una persona que viene desde fuera de la política, sino que la rechazó explícitamente, junto con su amigo y coautor, Giacomini:

> «No somos políticos. Creemos que nuestra decadencia tiene su origen en la propia forma de pensar de los argentinos, así que trabajamos sobre esa forma de pensar. Si nos metiéramos en la política institucional, como actualmente hacen otros liberales, el sistema nos comería crudos en seis meses. Sería tirar nuestro trabajo a la basura.
>
> Meterse en política cuando la sociedad todavía no está preparada para las ideas de la libertad también terminará siendo un acto funcional a la casta política.
>
> Primero hay que lograr que la gente adopte las ideas de la libertad; es decir, que la gente no quiera un Estado paternalista ni pida un Estado como seguro contra todos sus fracasos. Luego de lograr esto, tendrá sentido meterse en política y poner en práctica un achicamiento del Estado. Antes será un fracaso.
>
> [La mentalidad colectivista está lejos de haber cambiado] En el presente, y en el futuro inmediato, el liberalismo clásico ha perdido la batalla cultural contra el colectivismo» (Milei y Giacomini 2019, págs. 8-9).

La idea clave de Milei y Giacomini en 2019 tenía que ver con su rechazo a las limitaciones del liberalismo clásico y su acercamiento a la Escuela austríaca, que estudiaremos en el capítulo siguiente. Su objeción estribaba en lo que llamaban *la primera contradicción del liberalismo clásico*, que consiste en aceptar la necesidad del Estado para que haya mercado, seguridad, justicia y propiedad. Pero el Estado protege nuestra propiedad «mediante el cobro de impuestos, que por necesidad es violento. Para proteger tu propiedad privada te arrebato por la fuerza esa misma propiedad privada [...]. La única Escuela que trabaja sobre la economía como parte de un andamiaje filosófico es la austríaca». En la Argentina hubo, dicen, liberales originalmente, pero después el liberalismo clásico se alió con los conservadores, y eso determinó su derrota. La filosofía que defiende Milei, ¿es utópica?: «Puede que lo sea. Pero actúa como un faro. Todo lo que logremos desplazarnos en ese sentido vale la pena». En cualquier caso, rechaza meterse en política porque antes hay que centrarse en las ideas durante mucho tiempo: «Es trabajo para diez, para veinte años, quizás más; pero si se logra, la clase política cambiará» (Milei y Giacomini 2019, pág. 15).

Cambio

Poco tiempo después, sin embargo, Milei cambió de opinión y se lanzó a la arena política, consiguiendo grandes éxitos. Aseguró: «Hemos empezado a ganar la batalla cultural», cuando antes había dicho que estaba perdida para el liberalismo. Y pasó a proclamar que «la única forma que había para cambiar era meterse dentro del sistema y barrer contra el *statu quo*», insistiendo a la vez: «No dejo de dar la batalla cultural» (Milei 2022a, págs. 260, 292).

Milei nunca explicó detalladamente las razones que lo llevaron a este giro tan abrupto. Pero una vez acometido, se comportó como un político, es decir, procuró negociar y buscar todos los apoyos que pudiesen potenciar su candidatura. Así, mientras que en economía, como veremos, desandaría buena parte del recorrido que había realizado en la teoría económica neoclásica, en política se abrió a un abanico de posibles socios: «los liberales, los libertarios, la derecha, la centroderecha, los conservadores, el peronismo republicano, el menemismo y los halcones de Juntos por el Cambio» (*ibid.*, pág. 291).

Como apuntó su compañera de fórmula y actual vicepresidenta, Victoria Villarruel, de un perfil más conservador, ella y Milei confluyeron en:

«expresar ideas que han sido políticamente incorrectas, pero que son las ideas de millones de argentinos sin voz simplemente por pensar distinto: defendimos apasionadamente el derecho a la vida en 2018, cuando en nuestro país se planteó la discusión de la ley que terminó limitando el derecho a nacer al deseo de la propia madre... Teníamos el mismo diagnóstico sobre las nefastas políticas inspiradas por la socialdemocracia que aún nos empobrecen» (*ibid.*, pág. 83).

El cambio de Milei a la política le representó un éxito extraordinario. Aunque él insiste en que «no gobernamos para ser populares» (Milei 2024c), lo cierto es que su estrategia política ha conquistado un porcentaje muy relevante del voto popular.

Estado

Un político, pero sobre todo un político liberal, debe tener una teoría sobre el Estado. La de Milei es que no es fruto de ningún contrato social, sino de la violencia y la explotación. Lejos de ser un servidor del pueblo, es «profunda e inherentemente anticapitalista», es «nuestro mayor enemigo»:

«El Estado provee un canal legal, ordenado, sistemático y permanente para la depredación de la propiedad privada, y hace segura y relativamente pacífica la vida de la casta de parásitos en la sociedad» (Milei y Giacomini 2019, pág. 165).

El Estado no solo no representa la sociedad, sino que es su opuesto, y su intervencionismo desata fuerzas antisociales y divisivas:

«Con la intervención aparece una pelea por ser ganador neto en lugar de perdedor neto. La gente procura ser parte del equipo invasor interviniente (Estado y sus socios) y no quedar del lado de la víctima. Por el contrario, libre mercado es armonía y beneficios mutuos. Intervención del Estado es conflicto, casta, coerción y explotación. Justamente, la división de la sociedad en clases surge con la intervención del Estado: pagadores netos de impuestos expropiados violentamente y cobradores netos de impuestos beneficiados [...]. La mera existencia del Estado, los impuestos, los políticos, funcionarios y el gasto público dividen la sociedad en dos, la única grieta de verdad: los explotadores gobernantes vs. los explotados gobernados; siendo claros, los cobradores netos de impuestos vs. los pagadores netos de impuestos» (Milei y Giacomini 2019, pág. 177).

Estos mensajes, como otros que hemos visto antes, resultan políticamente incorrectos, pero también brindaron «una opción diferente a los votantes que estaban desencantados con las corrientes políticas tradicionales» (Tejada Yepes 2023, apartado 3):

«En un país donde las intervenciones estatales en la economía han sido un tema recurrente, las palabras abogando por la reducción del tamaño del Estado resonaron como un llamado a la reflexión. Su perspectiva desafiante propuso un cambio de paradigma, sugiriendo que la libertad individual y la mínima intervención gubernamental eran clave para superar los desafíos económicos existentes» (*ibid.*, apartado 1).

Milei atrajo también la atención por su crítica a las autoridades, lo que ha sido subrayado como una aplicación de la teoría de las externalidades políticas que planteó en 1967 el economista estadounidense Harold Demsetz. Como recordó David Henderson, Demsetz había sostenido que el servicio militar era una externalidad negativa que el Gobierno estadounidense provocaba en los reclutas, a quienes cargaba con un coste ajeno a su voluntad y sin compensación alguna. Pues bien, Milei recurría a esta misma idea cuando recomendó que los políticos fuesen obligados a internalizar sus externalidades (Henderson 2023).

Milei se lo expuso a Alejandro Fantino con estas palabras refiriéndose a los políticos:

«No somos más que nuestros representados. En términos financieros, el activo derivado nunca vale más que el subyacente, existe el derivado porque existe el subyacente. Nosotros existimos como representantes del pueblo porque existe el pueblo.

En nuestro Gobierno los políticos van a tener que vivir la misma vida que vive el ciudadano común, van a tener que internalizar el resultado y, si se mandan macanas [cometen errores], no solo van a sufrir los argentinos de bien, van a sufrir más los políticos. Van a tener que vivir como viven los argentinos de bien. Se les acabaron los privilegios. Se les acabó la joda [diversión]» (Fantino 2023).

Populismo

La apelación al pueblo y la crítica a los políticos, la *casta* a la que el nuevo presidente se refiere con frecuencia, invita a considerar si Milei es algo parecido a un populista, a pesar de que él mismo criticó a los populismos y anunció: «Hemos decretado el fin de la noche populista y el renacer de una Argentina liberal y libertaria» (Milei 2023b). Tiene, sin embargo, algunos rasgos, empezando por esa misma palabra, *casta*, a la que también recurrió el populismo antiliberal, como vimos en España con Pablo Iglesias y el partido Podemos. Pero ¿puede haber un populismo liberal?

Ha habido variantes del populismo con rasgos liberales, como el de Carlos Menem en la Argentina de la década de 1990, cuyo Gobierno emprendió privatizaciones de empresas públicas y abrió los mercados. Es complicado, empero, calificarlo de *liberal* porque no practicó la limitación del poder, una noción que, reveladoramente, el propio Menem me dijo en una ocasión que no terminaba de entender (Rodríguez Braun 2012, pág. 21).

Un mentor ideológico de Milei, Rothbard, del que ya hemos hablado, presentó abiertamente una estrategia de derecha populista o paleolibertaria. Pensaba que en Estados Unidos existía una élite estatista que conformaba una coalición con el Estado, las grandes empresas que dependen de la política y diversos grupos de presión intelectuales y corporativos. Esa coalición es tan poderosa que no cabe la vieja estrategia liberal de desmontar sus falacias, y tampoco cabe esperar que el sistema colapse, como había sucedido con el comunismo, arrastrando a esa élite hacia postulados liberales. Era menester pasar a la acción con un programa populista que el economista libertario resumió en estos puntos: bajar todos los impuestos, recortar el Estado de bienestar, abolir la discriminación positiva, cerrar el Banco Central, esgrimir la bandera de la seguridad ciudadana y defender la religión y los valores familiares en la educación. En este último aspecto, Rothbard critica el sistema de bonos escolares o *vouchers*, que Milei propugna (y puso en marcha en marzo de 2024), alegando que, a pesar de Milton Friedman, es un sistema que no conduce a la privatización de la educación, sino a fortalecer el control político de la enseñanza. Pero pese a esta diferencia, está claro que una parte apreciable de este programa populista coincide con las consignas de Milei, que seguramente aplaudiría la conclusión de Rothbard:

«Para las personas sensatas y paleoliberales, ha llegado el momento de regresar al mundo real y ayudar a formar una alianza que dé lugar a un exitoso movimiento populista de derechas que, por necesidad, será en buena medida liberal.

Necesitamos un nuevo movimiento paleo... con un candidato al que toda la derecha anti-*establishment* pueda respaldar con entusiasmo» (Rothbard 1992, págs. 13-14; ver también Semán 2024, págs. 67-68).

Atacar a los políticos, los intelectuales y los *lobbies* por sus privilegios puede ser una estrategia política atractiva, y el populismo liberal puede surtir efectos electorales positivos. Ironiza Jeff Deist imaginando esta absurda escena: un populista de izquierdas o de derechas que anuncia a los ciudadanos: «Votadme y tendréis sanidad universal y gratuita; y educación gratis para que todos tengáis igualdad de oportunidades»; y frente a él un político liberal que le entrega al populista *La acción humana*, el voluminoso tratado de Ludwig von Mises, que tiene 900 páginas, y le dice: «Toma, lee esto y entenderás» (Deist 2015).

Puede argumentarse que el populismo no implica un recetario uniforme. Por ejemplo, Milei apoya a Trump porque el político estadounidense señaló el socialismo como el enemigo de la libertad, pero, aunque entiende la reacción de Trump contra la manipulación china de su tipo de cambio, no comparte el proteccionismo comercial —«un mayor proteccionismo no genera un mayor bienestar»— (Milei 2014, pág. 225).

Además, el populismo puede comportar posiciones políticas poco populares, como el claro alineamiento de Milei con el anticomunismo y con la religión; y en política exterior con Estados Unidos e Israel (Cassidy 2023; Derbyshire 2023).

El ideal del político, liberal o no, debería ser la popularidad sin caer en el populismo, pero esto es evidentemente difícil. Asimismo, el populismo, con su simplificación y sus bandazos, puede conspirar contra el liberalismo, como sostienen algunos liberales enemigos del presidente argentino: «Milei es un farsante autoritario que representa una conjunción de populismo y demagogia nacionalcatólica, enmascarados bajo una apariencia de ideas libertarias» (Marty y Benegas 2023). Entre los peligros más claros está el agotamiento, porque después de un populismo puede venir otro de sentido contrario, y la incoherencia en la que frecuentemente desemboca la política, como cuando Milei aumentó el llamado *impuesto PAIS* sobre la adquisición de moneda extranjera: «Actúa como un gravamen a las importaciones, obstaculizando la entrada de productos al país y contradiciendo los principios del libre mercado que tanto dice defender Milei» (Marty 2024).

Pandemia

Una de las marcas políticas de Milei que le granjeó más respaldo popular fue su crítica a las autoridades argentinas por haber cerrado el país durante la pandemia. La situación se parece a la de Isabel Díaz Ayuso en Madrid, que se opuso a los cierres establecidos por el Gobierno de Sánchez y fue por ello aplaudida por grupos sociales muy distintos, y en ocasiones muy poco habituados a inclinarse fuera de la izquierda, como los artistas.

Milei empleó a menudo la expresión *cuarentenas cavernícolas* y ha afirmado que «llevaron a las personas a una revalorización de la libertad»:

> «El valor de la libertad es transversal. Lo único que hice yo fue llamar la atención a la gente sobre la pérdida de la libertad. A eso se suma un evento aleatorio inesperado como la pandemia» (Milei 2022a, págs. 62 y 294; véanse también págs. 80, 231, 271).

En un libro que publicó en 2020, *Pandenomics*, y del que ya hemos mencionado las acusaciones de plagio que recibió, Milei acierta denunciando la exageración de los políticos sobre la letalidad de la COVID-19, que compararon sin fundamento con la mal llamada *gripe española* de la década de 1910, y cómo la multiplicación del miedo propiciada por burócratas y medios de comunicación amplificó el catastrófico error económico que fueron las cuarentenas generalizadas. No es cierto que el virus arruinó la economía, repetía Milei: fue el confinamiento.

Milei señaló que el miedo a la pandemia, como las antiguas pestes, fue utilizado por el poder político para extenderse y quebrantar aún más los derechos y las libertades del pueblo:

> «Es en esa desesperación cuando los hombres, en búsqueda de un refugio, terminan recurriendo a la única institución que se ofrece como la solución del problema: ese dios pagano llamado *Estado*.

[...] La existencia del Estado es fruto de la no existencia de un adecuado mercado de seguros en donde el sector privado podría ofrecer mejores soluciones a la brindada por los políticos pero que es abortada por la propia interferencia que genera la presencia del Leviatán. Así, la llegada de la peste abre los brazos para que la población acepte mayores dosis de ese veneno social llamado *socialismo*» (Milei 2020, pág. 305).

Era arduo enfrentarse a esa ola estatista sin riesgo de ser calificado de «neoliberal... aun cuando la COVID-19 tuvo su origen en China, un país que vive bajo un sistema comunista, se acusó al capitalismo como gran responsable del desastre» (*ibid.*, pág. 317).

Sin embargo, la opinión pública cambió cuando comprobó que el confinamiento y la ampliación de los poderes del Estado no surtían efectos plausibles: «Nos encerraron a todos, nos dejaron sin ingresos, nos quebraron... diciendo que iban a cuidar la salud y que no les importaba la economía; en eso segundo sí que fueron claros, porque Argentina cayó el triple que el resto del mundo». Pero la salud también fue un fracaso: «El año pasado hubo 40 000 muertos cuando, si hubiésemos hecho las cosas como un país normal, habríamos tenido 10 000 muertos» (Milei 2022a, págs. 261-263):

«En materia de salud, un sistema empujado hacia una crisis de desabastecimiento causada por la política comercial irresponsable del Gobierno anterior que dejó a médicos, pacientes y familias sin *stock* de insumos médicos de todo tipo, y en particular de medicamentos especiales, como los oncológicos. Todo esto en el medio de la farsa de que el Estado te cuida durante la pandemia, donde si hubiéramos hecho las cosas como un país mediocre hubiéramos tenido 30 000 muertos de verdad, mientras que tuvimos 130 000, con el dolor enorme que eso significa» (Milei 2024c).

Al ver los resultados nefastos del estatismo, la gente reaccionó y respaldó crecientemente en grandes manifestaciones públicas a partir de mediados de 2020 los mensajes liberales, ante el entusiasmo de Milei:

> «En la marcha del 20 de junio, por primera vez desde que tengo memoria, todos reclamaron por el derecho de propiedad, la libertad y que se les permitiera trabajar; por primera vez una multitud en la Argentina defendió valores liberales. Y luego, el 9 de julio se agregó el reclamo de igualdad ante la ley, que es la bandera emblemática del liberalismo» (Milei 2020, pág. 24).

Incluso los adversarios de Milei reconocieron su habilidad y valentía al oponerse al confinamiento generalizado en tiempos en los que quien advertía al presidente, Alberto Fernández, de que «estaba encerrando a la población en forma inconstitucional» podía ser lapidado en la plaza pública (Roberto Cachanosky 2024). Finalmente, se vio que Milei sintonizaba con la gente, que «no quería esos cierres y estaba harta de gobiernos intervencionistas e ineficientes» (González 2023, págs. 184-185).

Democracia

Para la izquierda, que suele pretender ostentar el monopolio de la democracia, quien se oponga al estatismo no puede ser un demócrata. Lo ilustra el caso de Milei con alguna de sus intervenciones públicas, como el siguiente diálogo con una periodista:

> «Pregunta: ¿Usted cree en la democracia?
>
> Milei: Digamos, yo creo que la democracia tiene muchísimos errores.
>
> Pregunta: Puede tener errores, ¿pero usted cree en el sistema democrático?
>
> Milei: Yo te hago al revés la pregunta: ¿Conocés el teorema de imposibilidad de Arrow?

Pregunta: Yo le hago la pregunta de nuevo, porque la que pregunta acá soy yo: ¿Usted cree en el sistema democrático?

Milei: ¿Cómo? ¿Y yo no puedo contestarte con una pregunta, si conocés el teorema de imposibilidad de Arrow?

Pregunta: Lo que le pregunto es importante; ahora me lo cuenta el teorema, no lo conozco, pero lo que le digo es importante, y la pregunta requiere una respuesta contundente: ¿Cree o no en el sistema democrático? Es fácil la pregunta: ¿Cree o no cree?

Milei: Pero, digamos, si vos conocieras el teorema de imposibilidad de Arrow, tendrías algunas consideraciones.

Pregunta: Cuéntemelo, pero contésteme a la pregunta.

Milei: El teorema de imposibilidad de Arrow dice que, aun cuando vos tengas que todos los individuos son racionales y respetan los órdenes de preferencia en términos de transitividad, aun así, en el agregado eso no te asegura la consistencia del resultado, o puesto de otra manera, si vos ponés en una votación a elegir, digamos, entre tres lobos y una gallina, digamos, quién va a ser el plato de la noche, ¿sabés cómo termina?

Pregunta: Olvídese el contexto, yo le pregunto, imagínese el mundo que usted sueña, el mundo ideal: ¿El mundo que usted quisiera cómo funciona?

Milei: El mundo ideal mío, digamos, yo soy anarcocapitalista filosóficamente.

Pregunta: Por eso, usted no quisiera que haya democracia y no quisiera que haya república.

Milei: A ver.

Pregunta: Olvídese, yo ya sé que se presenta dentro del contexto.

Milei: En mi mundo ideal sí, digamos, no existe el Estado, porque no comparto la existencia de la agresión generalizada, no comparto la violencia, no acepto como solución filosófica que me roben» (Kordon 2022, pág. 74).

Leyendo este diálogo se comprende por qué los críticos de Milei le reprochan que hable «con suficiencia» y que considere que los liberales son «portadores de un conocimiento excepcional» (Coto 2022, pág. 98). En realidad, como es bien sabido, el pensamiento político detectó la complejidad y las contradicciones del sistema democrático ya en el siglo XVIII, y el propio Milei había analizado la cuestión con anterioridad, y con solvencia, resaltando la relación entre la democracia y la aparentemente paradójica consecuencia de que anime el crecimiento del poder político y acabe recortando la libertad de elegir por parte del pueblo:

«Con el surgimiento de la democracia, la identificación del Estado con la sociedad se ha redoblado.

El concepto de democracia parlamentaria comenzó como una limitación popular al poder de la monarquía absolutista; terminó con el parlamento como la parte esencial del Estado y cada uno de sus actos como absolutamente soberano.

El utilitarismo se transformó de argumentos en favor de la libertad en argumentos contra la resistencia a las invasiones de la libertad por el Estado» (Milei y Giacomini 2019, pág. 167).

En efecto, ya desde el siglo XIX el derecho de propiedad «empezó a ser erosionado de modo significativo», a menudo, por cierto, a manos de los mismos liberales. Milei apunta que el progreso tecnológico, por su parte, animó el supuesto «fatalmente arrogante de que los Estados estarían en condiciones de planificar exitosamente una cantidad creciente de aspectos sobre el funcionamiento del sistema económico». Y se extendió el constitucionalismo social, con la idea de que el estatismo era virtuoso porque el poder cuidaba de las personas vulnerables merced a los nuevos derechos llamados *sociales*. Pero esos derechos «solo podrían ser satisfechos empleando recursos que, dado que el Estado no produce nada, deberían ser quitados al sector privado» mediante unos impuestos crecientes, con lo cual «la propiedad privada quedó supeditada a la satisfacción de los derechos sociales» (Milei 2020, pág. 319).

Esta forma de razonar es la más adecuada para contestar a los pensadores antiliberales que han atacado el liberalismo de Milei preguntándose con tonos dramáticos: «¿Cómo puede un Gobierno elegido democráticamente poner en marcha políticas que le impidan actuar en respuesta a las demandas de sus electores?» (Slobodian 2023). La respuesta es que dichas demandas en democracia pueden ser contradictorias, empezando por que los ciudadanos pueden demandar al mismo tiempo que el Estado crezca pero que no viole su propiedad privada. Por tanto, el liberalismo no significa la negación «de la interrogación colectiva acerca de lo que está bien y lo que está mal, del sentido de lo justo y de lo injusto, de la pregunta por la vida en común» (Amat 2023, pág. 110), sino la afirmación de la libertad de elegir y de defender los derechos del ciudadano.

Contra esta posición democrática y liberal, los antiliberales suelen plantear argumentos que rechazan el derecho de propiedad, y en consecuencia la libertad. Para que resulte presentable, alegan que la propiedad «socava la idea de la dignidad humana», alertan ante la «dependencia del mercado» y niegan que haya derechos humanos que no sean previos al poder democrático (Kordon 2022, págs. 65, 68, 75). Como si la expropiación fuera digna, como si el Estado no generara dependencia y como si la propiedad no fuera un derecho humano que la democracia no debiese salvaguardar.

5. Economía

―――

«Como anarcocapitalista, yo quisiera
un mundo sin Estado».
Javier Milei

Milei y su partido han planteado gobernar para «volver a abrazar el modelo de la Libertad inspirados en las ideas de Alberdi» (Milei 2024c), aunque su liberalismo económico registra cambios a lo largo del tiempo, según Milei fue encontrando errores en la teoría económica dominante, la neoclásica, y se fue acercando a la Escuela austríaca.

Liberalismo

En su recorrido, Milei y sus coautores mantuvieron la cercanía al liberalismo económico, definiéndose «como hermanos gemelos herederos de Adam Smith y de toda la amplia familia de pensadores libertarios» (Milei y Giacomini 2016, pág. 15).

Vemos aquí que Milei llega a utilizar la expresión *libertarios* en un sentido nada estricto, quizás para distinguirse de la distorsión anglosajona que ha terminado por identificar el liberalismo con la socialdemocracia y el moderno intervencionismo redistribuidor —resulta sin duda chocante asociar a Smith con los libertarios en el sentido anarquista que tiene la expresión en nuestra lengua— (Rodríguez Braun 2021b).

Sea como sea, Milei se apoya claramente en el filósofo escocés, contra el que muchos en la Escuela austríaca despotrican, en la importancia que asigna al marco institucional para la prosperidad económica:

«El bien público más importante que puede suministrar el Estado es el imperio de la ley (instituciones económicas) [...]. Respeto a la ley, la protección de los derechos de propiedad, la innovación tecnológica, la apertura comercial, la existencia de precios libres que guían la asignación de recursos y el diseño de una política económica que preserve el equilibrio fiscal junto a una política monetaria que defienda el valor de la moneda» (Milei 2014, págs. 292, 236).

Cita a Smith en su defensa de la acción individual —«Los actos realizados en el propio interés y los realizados en interés de los demás no están en conflicto, ya que los intereses individuales se juntan» (Milei 2022a, pág. 144)—, la división del trabajo y la libre competencia, «que no es lo mismo que la competencia perfecta del mundo neoclásico» (Milei 2014, pág. 239).

En su evolución irá limitando el papel aceptable del poder político: «En una sociedad auténticamente libre, en la cual se respeten todos los derechos individuales de la persona y de la propiedad, el Estado debería necesariamente dejar de existir» (Milei 2022a, pág. 174). Subraya el papel de dos instituciones en el capitalismo, la propiedad privada y los mercados libres (Milei 2014, pág. 269), y se aleja de la confianza en el Estado a la hora de garantizar el buen funcionamiento del mercado. Es lo que lo apartó de la Escuela de Chicago y lo acercó a la austríaca:

> «La Escuela austríaca cree que los fallos del mercado no existen, porque el mercado es un proceso de cooperación social en el cual se intercambian voluntariamente derechos de propiedad. Si hacemos un intercambio y ese intercambio es voluntario y de común acuerdo, ¿quién es un tercero para opinar si está bien o mal?» (Milei 2022a, pág. 275).

Fue crecientemente hostil al estatismo, a veces con argumentos muy del estilo de Hayek: «El socialismo es un error intelectual, pues no cabe concebir que el órgano director encargado de intervenir mediante mandatos pueda hacerse con la información que es necesaria para coordinar la sociedad» (Milei 2014, pág. 163).

Igual que Mises, Milei rechaza la idea de la tercera vía, porque no hay más que dos: liberalismo o estatismo: «Cualquier solución intermedia tenderá al socialismo» (Mises 2001; Milei 2022a, pág. 297). En su opinión, «la diferencia entre el intervencionismo estatal, el socialismo y el comunismo es un problema de escala y no de esencia» (Milei y Giacomini 2019, pág. 176).

Hay una larga tradición en política y economía de intentar cohonestar liberalismo y antiliberalismo. Milei se referirá a John Stuart Mill, como veremos al abordar el tema de la desigualdad, y también a Keynes, quien, «en lugar de señalar a los políticos los límites de la economía, se dedicó a potenciar sus fantasías» (Milei 2014, pág. 156). Criticará a Keynes porque subordina el derecho de propiedad y habla abiertamente de socializar la economía, especialmente la acumulación de capital. Aunque Keynes decía defender el capitalismo:

> «Si el Gobierno debe intervenir tanto sobre el consumo como sobre la inversión, esto es, todos los componentes de la demanda agregada en una economía cerrada, la diferencia con el sistema socialista es casi nula» (Milei 2019, pág. 71).

Mientras invita a los liberales a «oponerse a todas y cada una de las agresiones a los derechos de propiedad individuales, a la persona y a los objetos que haya adquirido en forma voluntaria», concluye: «Para los libertarios, el Estado es el agresor supremo, el eterno, el mejor organizado. El Estado es una organización criminal. Lo son todos los Estados y en todas partes, sean democráticos, dictatoriales o monárquicos» (Milei 2019, págs. 171-172).

En ese marco de su defensa del liberalismo se puede entender el llamamiento que hizo el presidente argentino en el Foro de Davos cuando afirmó que Occidente estaba en peligro:

«Sé que a muchos les puede sonar ridículo plantear que Occidente se ha volcado al socialismo. Pero solo es ridículo en la medida en que uno se restringe a la definición económica tradicional del socialismo, que establece que es un sistema económico donde el Estado es el dueño de los medios de producción. Esta definición debería ser, desde mi punto de vista, actualizada a las circunstancias presentes. Hoy los Estados no necesitan controlar directamente los medios de producción para controlar cada aspecto de la vida de los individuos. Con herramientas como la emisión monetaria, el endeudamiento, los subsidios, el control de la tasa de interés, los controles de precios y las regulaciones para corregir los supuestos fallos del mercado, pueden controlar los destinos de millones de seres humanos.

Así es como llegamos al punto en el que, con distintos nombres o formas, buena parte de las ofertas políticas generalmente aceptadas en la mayoría de los países de Occidente son variantes colectivistas, se declamen abiertamente comunistas, fascistas, nazis, socialistas, socialdemócratas, nacionalsocialistas, demócratas cristianos, neokeynesianos, progresistas, populistas, nacionalistas o globalistas.

En el fondo, no hay diferencias sustantivas: todas sostienen que el Estado debe dirigir todos los aspectos de la vida de los individuos. Todas defienden un modelo contrario al que llevó a la humanidad al progreso más espectacular de su historia» (Milei 2024a).

Estas ideas liberales, algunas de las cuales ya vimos al hablar en el capítulo 3 sobre Milei y los valores, caracterizan también su pensamiento económico y su invitación a recuperar la tradición del Estado limitado como palanca primordial para el crecimiento.

Neoclasicismo

En varias de sus obras, Milei repetirá su admiración, dentro del liberalismo, por la tradición de Wicksell y los austríacos, apoyándose en la presentación gráfica de Garrison (Milei 2019; Garrison 2005). Asimismo, critica la economía ortodoxa por su antiliberalismo: «Aun cuando haya neoclásicos que son en buena ley y se autodefinen como liberales, la formación académica asociada al paradigma mencionado termina siendo funcional a la causa socialista» (Milei 2022b, pág. 303).

La base de esta crítica de Milei es que la economía neoclásica pone el énfasis en el equilibrio de un proceso competitivo de asignación de recursos, lo que abre la puerta a la consideración de los fallos del mercado que impiden dicho equilibrio o una asignación perfectamente eficiente de dichos recursos. Milei rechaza este análisis y recupera una visión dinámica smithiana:

> «Otra de las instituciones importantes para los mercados es lo que se llama la *libre competencia*, pero no en el sentido neoclásico de la competencia perfecta, sino en términos de entrada y salida. Y por otra parte hay dos instituciones que son muy importantes, que son la división del trabajo y la cooperación social. La división del trabajo quien mejor la explicó fue Adam Smith: una persona sola podía producir solamente veinte alfileres, pero si se partía en quince la tarea, cada uno podía producir 5000 alfileres; estamos hablando de 75 000 alfileres» (Milei 2024b).

Para Milei esto es destructivo para el socialismo porque el mercado comporta relaciones cooperativas, pacíficas y prósperas. La economía neoclásica se rige por óptimos ideales y modelos que no reflejan la realidad, con lo cual reacciona con los fallos del mercado. Todo ello propicia el avance del socialismo, y eso frena el crecimiento:

> «Entonces lo primero que tenemos que entender es qué es el mercado, tener una buena definición de lo que es el mercado [...] es un proceso de cooperación social, donde se intercambian derechos de propiedad voluntariamente. De hecho —dado que los intercambios son voluntarios—, no es posible hablar de fallos del mercado porque nadie estaría haciendo acciones autoflagelantes. Por tanto, cuando definimos bien *mercado* todas las definiciones de intervención se derrumban» (Milei 2024b).

Si el mercado, al revés de lo que enseña la teoría neoclásica, no es un mecanismo asignativo sino un proceso de descubrimiento por parte de agentes libres que entablan contratos voluntarios, como decía Hayek, entonces no valen las objeciones estatistas y el sistema liberal se revela no solamente productivo, sino también justo.

Crecimiento

El crecimiento económico, su fomento gracias a la libertad y su freno por culpa del intervencionismo, es una prioridad en el pensamiento de Milei. Reprocha a la economía convencional porque no explica correctamente el dinamismo de las economías, y procura insertar el crecimiento en la teoría a la que se irá aproximando:

> «Hay un punto que la Escuela austríaca debería incorporar para poder dar respuesta a los problemas de crecimiento en el campo de la evidencia empírica: los rendimientos crecientes» (Milei y Giacomini 2017, pág. 99).

Volveremos sobre el tema de los rendimientos crecientes más adelante en este mismo capítulo, cuando analicemos los fallos del mercado en el caso del monopolio, y en el apartado final. Indiquemos de momento la relación en la que insiste Milei entre economía y libertad:

«Cuanto mayor el gasto público, menor la competitividad de la economía, y por ende más baja la tasa de crecimiento.

No es casual que aquellos países que presentan una tendencia creciente en el peso del Gobierno dentro de la economía tiendan a mostrar menores tasas de crecimiento.

Los países que abren sus mercados a la economía mundial experimentan una aceleración del crecimiento, mientras que los que cierran su mercado experimentan una desaceleración del crecimiento» (Milei 2014, págs. 28, 180, 160; ver también pág. 272).

Como hemos visto, en la línea de Smith, Milei apunta que no hay desarrollo sólido de la economía sin un marco institucional estable y propicio:

«Las personas que toman las decisiones de crear empresas, invertir, innovar y trabajar estarán condicionadas por las regulaciones existentes, por la seguridad que perciban en el marco normativo y por la confianza en que podrán disfrutar de los frutos de su esfuerzo» (Milei 2015, pág. 31).

Asimismo, Milei se aparta de la simplificación keynesiana que deposita en la demanda la certidumbre a la hora de estimular el crecimiento. Para el economista argentino la clave es el ahorro y no la demanda:

«La tasa de crecimiento deviene de la acumulación de factores de producción (capital y trabajo) y del progreso tecnológico (ligado este al capital humano), y no de cebar la demanda con políticas monetarias o fiscales expansivas. Esto es, el crecimiento del ingreso es lo que aumenta las posibilidades de consumo, y no al revés. No es posible gastar sin ingreso. Es más, el Gobierno, cuando financia el déficit fiscal emitiendo dinero, diluye nuestros ingresos vía impuesto inflacionario. No se crea riqueza de la nada. El despilfarro permanente no es sostenible. No hay crecimiento sin inversión, y esta no es posible sin ahorro. Puede que resulte poco romántico, pero la restricción presupuestaria manda y la multiplicación de los panes pertenece al terreno de lo divino» (Milei 2014, pág. 236).

Aplicando estas ideas a su país, Milei y Giacomini elaboran un indicador económico conforme al cual establecen que «nunca en la historia del país se destruyó tanta riqueza como en el período que va de 2003 a 2013», y este desastre debido a Néstor Kirchner y sus secuaces tiene una explicación: la presión fiscal en la Argentina es la mayor de América Latina, mientras que el gasto público, con el 44 % del PIB, también es récord en la región. No es que Milei se haga ilusiones con el desempeño económico latinoamericano; al contrario, el intervencionismo argentino es extensible al subcontinente, y ello explica los malos resultados del Mercosur: «El bloque económico con menor dinamismo comercial y peor crecimiento económico del mundo, ya que también enfrenta una presión fiscal récord en comparación con otros bloques» (Milei y Giacomini 2016, págs. 64, 72-74).

Gasto público

La necesidad de reducir el gasto público es una constante en el pensamiento de Milei. No solo por su impacto en el crecimiento, como vimos. El economista argentino y sus coautores mencionarán la necesidad de privatizar servicios públicos porque, si se mantienen en manos del Estado, «esta fórmula arrojó resultados decepcionantes» (Milei, Giacomini y Ferrelli Mazza 2014, pág. 147).

Tampoco resuelve el gasto público el paro; al contrario, es «parte del problema». Denuncia que los kirchneristas, de forma análoga a lo que intentó hacer después el Gobierno de Sánchez en España, maquillaron los datos de empleo y paro, y han «reclutado a un ejército de empleados públicos» (Milei y Giacomini 2016, págs. 94, 105). El incremento del gasto público en contratación de personal no atenúa el paro ni compensa realmente la falta de empleo privado:

«Este mayor peso de los empleados públicos implica (sin reducción en otras partidas) más déficit fiscal, que debe ser financiado con más presión tributaria, impuesto inflacionario y/o deuda. Estos tres mecanismos de financiamiento destruyen la rentabilidad de las firmas, penalizando la inversión, la producción, el empleo y el salario real. En definitiva, el empleo público no amortigua la tasa de desempleo, sino que castiga la capacidad de la economía de crear puestos de trabajo formales y de calidad en detrimento del poder adquisitivo de todos los trabajadores» (Milei y Giacomini 2017, pág. 306; ver también págs. 437, 440, 441).

Milei insistirá en que el mayor gasto, y por tanto la mayor presión fiscal, empobrecen el conjunto de la sociedad, fomentando la expansión de la economía sumergida:

«El populismo nos quitó el 90 % de nuestros ingresos, llegando a un nivel de locura tal donde un tercio de los trabajadores formales son pobres.

Una sociedad con un mercado laboral donde el sector privado formal se encuentra congelado, que producto de la rigidez y sus altos costes laborales hace doce años no produce un solo puesto de trabajo nuevo. Mientras, el empleo público y el trabajo informal son lo único que crecen» (Milei 2024c).

«A medida que los impuestos aumentan tiende a ser mayor la proporción que se destina al consumo respecto al ahorro, lo cual hace que el impuesto progresivo afecte progresivamente de modo negativo al proceso de acumulación de capital [...] es un castigo progresivo a la eficiencia, puesto que, cuanto mejor sirve un individuo a sus semejantes, más que proporcional será el castigo fiscal que sufrirá» (Milei y Giacomini 2017, pág. 416).

El rechazo por parte de Milei a la expansión del gasto público se apoya en datos que refutan su supuesta cualidad de ser ariete contra la pobreza. Es el argumento esgrimido para justificar su extraordinario incremento: «El principal problema detrás del aumento explosivo del gasto público es que la cantidad de argentinos que reciben un cheque del Estado más que se duplicó» desde 2001; pero esa expansión conspiró contra el problema que pretendía resolver: «A mediados de la década de 1970 la pobreza era del 5 %, número que hoy, no solo se sextuplicó, sino que ello se dio al mismo tiempo que se duplicaba el peso del Estado» (Milei y Giacomini 2017, págs. 440, 422).

A todos estos males económicos, sociales y laborales, hay que añadir el retroceso político liberal. Según Milei, en efecto, el llamado *multiplicador keynesiano* no solamente no funciona, porque el mayor gasto no desencadena un mayor crecimiento, sino que ese artilugio mágico es aplaudido «sin nunca mencionar los riesgos que ello implica para nuestra libertad» (Milei 2019, pág. 86).

El gasto público, repite Milei, se traduce en el déficit, causa «de todos los males» (Milei 2014, págs. 44, 128, 134, 152), porque desata ciclos insostenibles: «Todas las crisis que Argentina ha vivido en el último medio siglo tienen un origen fiscal» (Milei y Giacomini 2016, pág. 10; ver también págs. 32, 111, 163).

Todo esto se agravó en las décadas recientes:

«El desorbitante crecimiento del gasto público de los últimos años derivó en un déficit fiscal creciente que, ante la falta de financiamiento externo, llevó al uso intensivo de la emisión monetaria para cerrar la brecha fiscal» (Milei 2015, págs. 25-26).

Esta emisión impulsada por el déficit se traduce en tensiones en los precios y los tipos de cambio: «Respecto a la política fiscal, la regla ha sido la compulsión por gastar, donde la única forma de bajar el gasto real ha sido la vía de la licuación inflacionaria» (Milei 2014, pág. 37). Es decir, que el gasto público siga aumentando en términos nominales, pero, como la inflación aumenta en una proporción mayor, entonces el valor real del gasto disminuye.

Conviene recordar que la asignación de responsabilidades al gasto público y, en sentido contrario, la recomendación de su recorte para abordar las coyunturas críticas es bastante antigua en el pensamiento económico de Milei. Y así como rechazará siempre los controles de precios, como veremos más adelante en este mismo capítulo, también recelará de las intervenciones en los mercados de capitales, tan habituales en la Argentina a la hora de intentar estabilizar el tipo de cambio y moderar la inflación. La política fiscal anticíclica es «una herramienta más eficiente que el control de capitales para lograr el objetivo en materia de tipo de cambio real» (Milei 2004, págs. 85-86).

La urgencia de reducir el gasto público, como dijimos antes, será permanente en los razonamientos del economista (por ejemplo: Milei 2014, pág. 35; Milei 2019, págs. 40, 89). Centrará siempre su crítica en el Estado: «El problema no es que el sector privado no ahorre, sino que el sector público lo dilapida» (Milei y Giacomini 2016, pág. 39). Sostendrá que limitando el gasto público se podrían contener las expectativas de inflación y eliminar el llamado *cepo cambiario* (restricciones al acceso a las divisas), y todo ello sin subir impuestos:

«Debe quedar claro que esta reversión de la política fiscal debe actuar pura y exclusivamente sobre el gasto público, ya que en materia impositiva nos encontramos frente a la mayor presión tributaria de la historia (la cual, desde una perspectiva de largo plazo que facilite el crecimiento, debería ser reducida)» (Milei 2019, pág. 169; ver también pág. 89).

«El gasto público imposible de pagar, la presión tributaria récord y el déficit fiscal infinanciable son los responsables del deterioro del PIB, la pérdida de calidad de vida de los argentinos, la falta de empleo y los elevados niveles de inflación y pobreza» (Milei y Giacomini 2017, pág. 391)

Inflación

Respecto a la inflación, Milei tiene claros tanto su origen estatista como su carácter pernicioso. En su opinión:

«El estancamiento económico y la elevada inflación argentina son resultado de un Estado sobredimensionado» (Milei y Giacomini 2017, pág. 429).

«La evidencia empírica para el caso argentino es contundente: la inflación es mala para el crecimiento y el bienestar» (Milei 2014, pág. 26).

Así como censuró la idea de que un poco de inflación puede ser buena para animar la actividad económica —«es una burrada» (Fantino 2018)—, arremetió contra la recomendación intervencionista que concibe la expansión de la demanda como palanca para superar la recesión:

«El remedio keynesiano de aumentar el déficit fiscal y estimular el consumo lo único que hará es profundizar aún más los desequilibrios hasta que todo acabe en una crisis colosal» (Milei y Giacomini 2017, págs. 426-427).

Pensaba que «seguir apostando por la inflación está incrementando los riesgos de volatilización de los agregados monetarios» mediante el derrumbe de la demanda de dinero y la aceleración de la inflación, «lo cual no solo abortará el proceso de crecimiento, sino que además empeorará la distribución del ingreso y deteriorará los índices de pobreza e indigencia». Incrementar la deuda pública es una pésima solución porque «la historia de Argentina es la historia de un *defaulteador* serial, sea vía repudio explícito de la deuda o por la vía inflacionaria». Con los datos de Carmen Reinhart y Kenneth Rogoff, concluye:

> «Argentina desde el año 1816 hasta 2005 (año de la reestructuración de la deuda) *defaulteó* sus obligaciones externas en siete oportunidades, la deuda interna cinco veces, ha registrado diez pánicos bancarios (resueltos con emisión de dinero) y presenta dos episodios de hiperinflación» (Milei 2014, págs. 31, 56, 140).

Milei sigue a Friedman y sostiene que la idea de la curva de Phillips, es decir, que la subida de la inflación conlleva una reducción del paro, solo es válida en el muy corto plazo, y más allá su consecuencia es siempre contraproducente: «El efecto sobre la actividad se va diluyendo y el impacto se traslada a precios». Dado que la escalada inflacionaria es el resultado de una política fiscal «escandalosamente expansiva», como «la inflación es un fenómeno monetario emergente de un déficit fiscal que no puede ser financiado con deuda ni con mayor demanda de dinero», y como la emisión, que es «un impuesto sobre el dinero en efectivo», solo obedece a la necesidad de sufragar dicho déficit, la única forma de restaurar el equilibrio monetario es un mayor superávit fiscal derivado de un menor gasto, y recuerda que en la Argentina el déficit público aumentó «a pesar de los récords históricos en materia de recaudación» (Milei 2014, págs. 120, 50, 72, 75, 69, 78-79; ver también Milei 2019, págs. 107, 111-112).

De ahí el respaldo de Milei a los economistas monetaristas.

Monetarismo

Apoyándose en la teoría cuantitativa, que asocia la inflación a la cantidad de dinero y cuya paternidad inicialmente atribuye a Hume y Fisher, ignorando a los escolásticos españoles (Milei 2014, págs. 87, 95, 104; los mencionaría después: Milei 2023a, págs. 30-31, 77, 89, 95, 111), Milei secunda el análisis monetarista sobre el papel de la Reserva Federal estadounidense durante la Gran Depresión de la década de 1930.

El error del banco central americano, como denunciaron Friedman y Anna Schwartz, fue reducir excesivamente la oferta monetaria, lo que se tradujo en deflación y recesión, lo que refutaba la teoría keynesiana según la cual los precios y los salarios eran rígidos a la baja, mientras que la inversión no dependía de los tipos de interés sino del ánimo y los instintos empresariales, que Keynes denominó *animal spirits*.

En la década de 1930, por tanto, la política monetaria debió ser expansiva, dicen los monetaristas, y Milei coincide, y aplaude a Ben Bernanke y su política monetaria heterodoxa durante la crisis de 2007-2008:

> «Si el público deseaba hacer reventar sus bolsillos con papelitos verdes, para que no se derrumbara aún más la demanda de bienes, el Banco Central salió a satisfacer ese deseo imprimiendo todos los billetes que hicieran falta [fue la llamada *expansión cuantitativa*] mayores tenencias de dólares no implicaban menor cantidad de bienes, poniendo fin a la caída en el nivel de actividad y el empleo» (Milei 2014, pág. 124).

De esta forma, dice Milei que Friedman «no solo volvió a reconciliar la teoría económica con los datos, sino que brindó los fundamentos analíticos» para la acción de Bernanke. Llega a afirmar que Obama fue «el mejor presidente de la historia de los Estados Unidos» y Bernanke «el mejor presidente de la Reserva Federal que haya existido», y «digno de ser galardonado con el Premio Nobel de Economía» (Milei 2019, págs. 116, 103, 201, 204). Bernanke efectivamente obtuvo el galardón en 2022.

Milei acabaría aplaudiendo a los economistas austríacos, con lo que su saludo al líder de la Reserva Federal contrasta con *el error fatal de Bernanke*, como lo llamó Jesús Huerta de Soto:

«Es claro que este tipo de políticas monetarias, lejos de acelerar la recuperación, la retrasan y dificultan, en la medida en que alargarán innecesariamente la agonía de los procesos empresariales que es preciso liquidar cuanto antes, si es que, como sucedió en Japón, no se bloquea indefinidamente la recuperación, al perder las empresas inviables todo incentivo para reestructurarse (de hecho en Japón no se ha salido de la recesión en más de una década pues el *roll-over* indefinido de préstamos ha hecho posible la devolución generalizada de los préstamos morosos con otros de nueva creación, y así sucesivamente).

Por tanto, toda política de expansión artificial del consumo en los actuales momentos es claramente contraproducente; nos recuerda al absurdo remedio casero contra la resaca (dar más alcohol del mismo tipo del ingerido precisamente en exceso) y puede considerarse tan irresponsable como encargar de apagar un incendio a un grupo de pirómanos armados de lanzallamas» (Huerta de Soto 2009, págs. 234, 236).

En cambio, Milei apoyó a los monetaristas, abogando por «una política de reglas en detrimento de la discreción» (Milei 2014, pág. 65; ver también Milei y Giacomini 2017, pág. 6), y con un banco central cuyo «único objetivo» sea mantener una inflación baja (Milei y Giacomini 2016, págs. 81, 104, 127, 135).

Milei prosiguió ciertamente con sus ideas liberales. Junto al énfasis técnico en las expectativas —«la inflación bajará sostenidamente si y solo si la gente cree que va a bajar»—, destacó la importancia de unir una política monetaria solvente con una política presupuestaria contenida:

«Retornar hacia la solvencia fiscal debe ser la piedra fundamental del programa económico que nos devuelva al sendero del crecimiento. Es imprescindible una regla de solvencia fiscal para abolir la dominancia fiscal y así poder tener un BCRA [Banco Central de la República Argentina] genuinamente independiente» (Milei y Giacomini 2016, pág. 122; ver también págs. 60, 107, 171).

Y a la vez empezó a cultivar una idea diferente, que acentuaría con el paso del tiempo: «Soy partidario de eliminar el Banco Central [...] propongo el sistema de banca libre [...] competencia de monedas». Dijo que aceptaría ser el presidente del BCRA, pero solamente «si soy el último» (Fantino 2018).

Banco Central

Qué hacer con la banca central fue siempre una preocupación de Milei, sea que diagnosticara que «bajo la óptica de análisis aplicada a cualquier institución financiera, el Banco Central de la República Argentina estaría quebrado» (Milei, Giacomini y Ferrrelli Mazza 2014, pág. 30), recomendara «refundar el Banco Central para poder bajar la inflación» (Milei y Giacomini 2016, págs. 107, 143) u opinara que «es muy importante que el Banco Central gane reputación» (Milei y Giacomini 2017, pág. 215), hasta que estableció su diferencia con José Luis Espert, un destacado economista liberal que dio antes el salto a la política argentina: «Él es liberal clásico. Yo soy filosóficamente anarcocapitalista y minarquista a corto. José Luis no quiere eliminar el Banco Central, yo sí» (Milei 2022a, pág. 289).

Fue encontrando limitaciones a la posibilidad de un banco emisor tradicional de ser eficaz en su país:

«El Banco Central vía emisión puede reducir el desempleo, lo que es valorado por la población. Sin embargo, el problema radica en que este recurso puede utilizarse de vez en cuando [...]. Si las expectativas son racionales, no puede existir una brecha sistemática entre la inflación esperada y la efectiva. Por tanto, un banco central que se concentre en obtener resultados de corto plazo terminará provocando más inflación sin un mayor nivel de empleo» (Milei 2014, pág. 53).

No aceptó las críticas al FMI —habituales en Europa cuando hablamos de *los hombres de negro* o del *austericidio*— porque creía, con razón, que las autoridades monetarias y fiscales internacionales suelen servir para disfrazar las responsabilidades de los malos gobernantes nacionales, pero condenó que se pagara la deuda argentina al FMI con reservas del Banco Central:

> «La medida es mala, porque a largo plazo implica un nivel de precios más alto [...]. Sin embargo, lo sorprendente es que una medida tan desafortunada desde lo económico ha llevado a un aumento de la popularidad del Gobierno, lo cual abre un interrogante hacia la viabilidad de implementar políticas racionales consistentes con el crecimiento de largo plazo. Puesto en otros términos, mientras que por un lado los argentinos se muestran preocupados por la inflación y con elevar el ingreso, por otro lado, apoyan medidas que conducen a mayor inflación y estancamiento» (Milei 2014, pág. 56; ver también págs. 54-55).

Con el transcurrir de poco tiempo veremos a Milei reconocer la importancia de la opinión pública para ajustar los cambios en la política económica y empezar a cuestionar un fundamento de la banca central convencional, la llamada *reserva fraccionaria*, es decir, el funcionamiento de la banca tradicional, que no conserva la totalidad de los depósitos del público, sino que presta una parte sustancial de los mismos, manteniendo solo una reserva o *encaje* para satisfacer la demanda de efectivo.

La Escuela austríaca y otros economistas han mantenido desde hace mucho tiempo la tesis de que dicha reserva fraccionaria, que permite a la banca comercial crear dinero de la nada, fomenta el incremento artificial del crédito bancario por encima del ahorro de los ciudadanos, anima por tanto los ciclos expansivos de la economía, agravando por ello los recesivos, y requiere la presencia imprescindible de la banca central para neutralizar los pánicos financieros o atenuar las crisis de desconfianza y las carreras —o, como llaman los argentinos, *corridas*— contra los bancos para retirar dinero, lo que en el peor de los casos amenaza con colapsar todo el sistema, como sucedió traumáticamente en el país austral con el *corralito* de 2002. De ahí que Milei se haya ido mostrando partidario de una reserva del 100 %:

«En comparación con la expansión crediticia de la banca con reserva fraccionaria y la manipulación monetaria de los gobiernos y bancos centrales, la actividad criminal del falsificador de moneda es un juego de niños de consecuencias sociales prácticamente imperceptibles» (Milei y Giacomini 2019, pág. 490).

Milei mantuvo su crítica a la politización del banco emisor de su país:

«La evidencia para el caso argentino señala que cada vez que el BCRA fue presa fácil de los políticos, la inflación fue elevada, la gente huyó de la moneda local, el ahorro se fugó al exterior, los agregados monetarios se estancaron y el crédito para el sector privado no financiero se pulverizó» (Milei 2014, pág. 61).

Recalcó que «emitir para financiar el déficit fiscal es un delito», que «la verdadera estafa es cuando se emite para financiar al fisco» (Milei 2023a, págs. 24, 119), y propuso castigar legalmente al «presidente de la nación, al ministro de Economía, a los funcionarios del Banco Central y a los diputados y senadores que aprueben un presupuesto que contemple financiar déficit fiscal con emisión monetaria» (Milei 2024c). Pero algo más estaba pasando, porque comenzó a dudar de los beneficios de la banca central y a considerar las razones de su existencia, aunque, como acabamos de apuntar, atendiendo a la opinión ciudadana:

«A pesar de los beneficios de su eliminación, si no estuvieran dadas las condiciones del entorno social como para ello (puede que la sociedad no esté dispuesta a tomar un sistema de libertad monetaria plena), entonces, el banco debería no solo ser totalmente independiente del poder político, sino que también su accionar debería estar enmarcado en un esquema de plena competencia de monedas, de modo tal que se minimice la posibilidad de abuso en contra de los individuos por la mera existencia de un monopolio legal en favor del Estado» (Milei y Giacomini 2017, pág. 194).

Parece aquí ajustarse al oportunismo político, pero en realidad estaría reflejando el retrato del gobernante con espíritu cívico que Smith a mediados del siglo XVIII remitió a la Antigüedad clásica:

«Cuando no pueda vencer los enraizados prejuicios del pueblo a través de la razón y la persuasión, no intentará someterlo mediante la fuerza, sino que observará religiosamente lo que Cicerón llamó con justicia *la divina máxima de Platón*: no emplear más violencia contra el país de la que se emplea contra los padres. Adaptará lo mejor que pueda sus planes públicos a los hábitos y prejuicios establecidos de la gente y arreglará en la medida de sus posibilidades los problemas que puedan derivarse de la falta de esas reglamentaciones a las que el pueblo es reacio a someterse. Cuando no puede instituir el bien, no desdeñará mejorar el mal; pero, como Solón, cuando no pueda imponer el mejor sistema legal, procurará establecer el mejor que el pueblo sea capaz de tolerar» (Smith 2019, pág. 406).

Sin embargo, su entrada en la política, pero antes de su llegada a la Casa Rosada, terminó con estas cautelas: «El Banco Central es un mecanismo con el que se estafa a la gente»; «Nosotros vamos a quemar el Banco Central»; «No hay un robo bueno y un robo malo. El robo es malo, robar está mal, por tanto, eliminemos el Banco Central»; «Los políticos siempre están buscando la forma de maximizar el saqueo sobre la sociedad, y la política monetaria solo es un instrumento más para lograr su objetivo» (Milei 2022a, págs. 294, 262, 263, 210).

Es, por tanto, la propia política monetaria la que llega a cuestionar Milei, en la línea de la Escuela austríaca: «Muchos de los ciclos económicos se generan por culpa de la política monetaria». De la comprensión con el Fondo Monetario pasa la crítica, denominándolo «institución delincuencial, que hace que aquellos países irresponsables no paguen las cuentas y tengan la suerte de tener la contención del Fondo y transferirles el ajuste a otros. Otra aberración» (Milei 2023a, págs. 98, 102).

Va dejando atrás, y en aras de la condena al estatismo, el monetarismo que cultivó en su día:

> «Numerosos economistas que en general son partidarios del mercado libre se detienen en lo referente a la moneda. Insisten en que esta es diferente, debe ser suministrada y regulada por el Gobierno. Nunca consideran que el control de la moneda por el Estado implique interferir en el mercado libre. Es más, para ellos no puede ni pensarse en el mercado libre en materia de moneda.
>
> El modelo monetario propuesto por la Escuela de Chicago sigue dando el poder al Estado de falsificar dinero desde el Banco Central y, con ello, estafan a la población mediante una política monetaria basada en la inflación» (Milei 2022a, págs. 197, 216).

Recomienda avanzar hacia la supresión del banco emisor y el establecimiento de una banca libre: «Un sistema financiero que opere respetando las formas del derecho (Henry C. Simons, Allais, Rothbard, Hoppe y Huerta de Soto)», que resume en la supresión de la reserva fraccionaria y la reducción de la banca a una actividad inversora, que solo prestaría el dinero que los ciudadanos eligieran voluntariamente prestar, lo que armonizaría el ahorro ofrecido con la inversión demandada por la economía.

El análisis es poco cuidado, porque Maurice Allais propuso un encaje del 100 % pero con un banco central (lo admite en Milei 2023a, pág. 112), y Simons no abogaba por la supresión del control estatal sobre el dinero (Huerta de Soto 2011, págs. 568-571). Pero Milei enfatiza un aspecto que nos conducirá al apartado siguiente: «Lo único que justifica la existencia del BCRA es que actúe como prestamista de última instancia» (Milei 2023a, pág. 97; ver también págs.111, 113).

Dolarización

El último paso de Milei para alejarse del estatismo monetario es acabar con el Banco Central y dolarizar. Otra vez, es una opción que el nuevo presidente, aunque llamó al dólar *esa verde pasión argentina*, no consideraba antes posible (Milei y Giacomini 2016, págs. 101, 110, 144). Su opinión ahora es: «Los que dicen que dolarizar no se puede son unos verdaderos estafadores a sueldo de políticos ladrones»:

> «Continuemos mirando hacia delante: se suprime el Banco Central y se dolariza la economía. Para ser realistas, la fórmula para despegar en este país va a llevar muchos años, 35 o 40 como mínimo. Lo primero será bajar sustancialmente la inflación. Si hoy se detuviera la emisión monetaria, dentro de dos años no habría más inflación, pero hay que tener la decisión política. En mi caso, esa decisión está. Si el efecto Hume-Cantillon [cambio en los precios relativos por la política monetaria] perjudica a los asalariados, cuando se revierte el proceso es al revés: quienes ganan son los trabajadores. Hoy, la Argentina tiene el segundo salario en dólares más bajo de América Latina. Ese salario, ¿está en línea con la productividad de los argentinos? La estafa monetaria es tan grande que se está manifestando en salarios miserables en términos de dólares. Esto quiere decir que, cuando se haga la dolarización, al recomponerse los precios relativos los salarios en dólares van a volar.
>
> Estamos proponiendo una reforma monetaria que termine con el Banco Central [...]. El argentino ya eligió el dólar; ahora, si quiere elegir el euro, el yen, la libra esterlina o hacer transacciones en renminbi o en soja, no hay problema. Lo que quiero es sacarles el manejo del Banco Central a los políticos, porque es el instrumento más nefasto y socialista que tienen las economías» (Milei 2023a, págs. 121, 46, 117-118).

El primer problema en términos liberales es que dolarizar no es acabar con el estatismo sino pasar de un Estado a otro. El ideal para Milei es la banca libre y la libre elección de monedas, sin banco emisor (Fantino 2018; Milei y Giacomini 2019, págs. 10, 463, 468-470; Milei 2023a, pág. 105). La dolarización no es eso, ni mucho menos. Ahora bien, si dolarizar no es separar el Estado de la moneda, sí es separar el Estado *argentino* de la moneda. Es un mal menor, pero, como los gobernantes de ese país no pueden emitir dólares, es un paso en la desestatización monetaria (Munger 2023). Considerando la catastrófica gestión de las autoridades argentinas, se comprende que en los planteamientos de Milei la dolarización es «sin lugar a duda, la más popular de las medidas propuestas» (Beker 2023).

La forma en la que Milei y sus asesores, en particular Emilio Ocampo, han pensado que se podría llevar a cabo la dolarización es mediante un fondo localizado en el exterior del país, al que se transferirían los pasivos del banco central argentino, y que emitiría deuda respaldada por activos públicos, desde las reservas de oro del banco emisor hasta acciones y títulos varios en poder del Estado. Milei ha llegado a asegurar que la dolarización es posible aun sin títulos ni oro, solo con deuda:

> «¿Por qué podemos tomar 14 000 millones de dólares para financiar el déficit fiscal y no quieren tomar esta misma deuda para terminar con el problema de la inflación en la Argentina? No se puede ser tan inmoral» (Milei 2023a, pág.108).

Como es natural, el plan suscita mucha discusión, no solo entre economistas, y no solo entre economistas liberales, sino incluso también entre economistas de la Escuela austríaca, donde no todos comparten la propuesta del encaje del 100 %. Es el caso de Juan Ramón Rallo, un brillante discípulo de Huerta de Soto, que desde antes de la aparición de Milei en la escena política cuestiona la teoría monetaria de Mises a propósito de la reserva fraccionaria y que ha provocado un vivo e interesante debate dentro de los simpatizantes de la Escuela (Rallo 2019; Bagus 2023).

Leonidas Zelmanovitz también estudió con Huerta de Soto, pero no es partidario de la dolarización, al menos como medida prioritaria en este momento. Sostiene que el problema es el estatismo, que genera falsos derechos que solo se pueden satisfacer violando otros derechos, lo que en la Argentina ha culminado en una crisis fiscal y monetaria recurrente y en violaciones permanentes de los derechos de propiedad y las libertades contractuales. Sin embargo, dice:

«No creo que ningún cambio monetario que no sea precedido por cambios en la política fiscal pueda ser perdurable. La dolarización sin prudencia fiscal no es posible; y con prudencia fiscal, no es necesaria. Los problemas argentinos son principalmente políticos, después fiscales y después monetarios, y deben ser resueltos en ese orden. En caso contrario, no serán resueltos en absoluto» (Zelmanovitz 2023).

Otros analistas, como G. Patrick Lynch, razonan justo al revés:

«Dolarizar la economía podría forzar al Estado a la responsabilidad fiscal y acabar con la locura monetaria actualmente imperante. Será doloroso, pero quizás no tan doloroso como varias décadas más del efecto entumecedor de más estímulos que finalmente envilecen la moneda» (Lynch 2023).

El propio Ocampo abordó la otra opción monetaria liberal que excluye la dolarización: un banco central independiente del poder político. Acepta la lógica teórica de una institución que se compromete a mantener el valor de la moneda al margen de las presiones políticas, lo que resolvería el problema de la inconsistencia temporal, típico de los políticos, a saber, que adoptar las medidas que convendrían a la sociedad en el largo plazo les representa un coste político en el corto. Como dijo el cínico político luxemburgués Jean-Claude Juncker, sabemos lo que hay que hacer, pero no sabemos cómo ganar las elecciones después de hacerlo.

Ocampo plantea objeciones interesantes a la teoría del banco central independiente. De entrada, no cree que sea posible, porque cederá siempre ante presiones políticas o económicas. Además, no hay garantía de que, aun siendo independiente, no incurra en graves errores, por más sabios que sean sus directivos y funcionarios. Y, para colmo, la situación desastrosa del marco institucional argentino fuerza a descartar cualquier confianza en cualquier banco central *nacional*:

«Con la anomia institucional que impera en nuestro país, la independencia del BCRA es una utopía. El banco central más independiente que podemos conseguir es la Reserva Federal.

La dolarización es la mejor solución para la Argentina porque, nos guste o no, somos un caso extremo. En el último cuarto de siglo no hubo otro país en el mundo con el mismo grado de desarrollo institucional, nivel de ingresos y educación que haya tenido un desempeño macroeconómico remotamente similar en términos de inflación y crecimiento. Disputamos el podio nada menos que con Angola, Sudán, Venezuela y Zimbabue. Esto no es casualidad sino consecuencia directa de las decisiones que han adoptado quienes nos han gobernado en este tiempo.

La dolarización no es un atajo ni hace magia. Simplemente, elimina la inflación rápidamente y de manera permanente. Y eliminar la inflación es una condición necesaria (pero no suficiente), más en el plano político que en el macroeconómico, para poder avanzar exitosamente con todas las otras reformas estructurales que necesita la Argentina para volver a crecer de manera sostenida» (Ocampo 2024).

Políticos y grupos de interés, por tanto, se aferrarían a soluciones estatistas y sabotearían la dolarización o cualquier otro sistema que se le pareciese, como la llamada *convertibilidad* de la década de 1990. La dolarización, asimismo, que en una proporción probablemente significativa ya existe de hecho en la Argentina, tiene otra ventaja, que es el mencionado apoyo popular, que dificultaría su vuelta atrás, como ilustra el caso de Ecuador, y que explicó así Milei:

> «El delincuente de Rafael Correa varias veces quiso sacar la dolarización, pero no pudo, porque la gente ya sabe que los políticos son unos ladrones y la quieren estafar» (Milei 2023a, pág. 102).

El propio Milei añade un aspecto de la dolarización que él considera crucial, que comparte con otros economistas, en particular de la Escuela austríaca: la necesidad de suprimir la reserva fraccionaria para resolver el problema de la desaparición del prestamista de última instancia. Argentina es, en efecto, una economía demasiado grande para contar con el respaldo de la Reserva Federal de los Estados Unidos en el caso de que un pánico bancario desate una carrera contra los bancos.

Sin banco central, entonces:

> «¿Cómo se haría frente a una corrida bancaria? Con la reserva 100 %: un depósito en un banco, este conserva el 100 % del mismo. Por tanto, está en condiciones de devolverlo en cualquier momento que el depositante lo requiera. Bajo este régimen no puede haber corridas bancarias. Los bancos no pueden prestar el dinero de sus depositantes» (Beker 2023).

Sin embargo, como hemos visto, no hay unanimidad en este asunto, ni siquiera dentro de la Escuela austríaca, donde hay también partidarios de una banca libre que mantenga la reserva fraccionaria, como defienden, por ejemplo, Ravier, a quien ya hemos citado, y Nicolás Cachanosky, hijo de Juan Carlos, de quien hablamos en el capítulo 2. Nicolás es asimismo partidario de la dolarización en la emergencia actual porque podría:

> «Permitir una expansión mientras se ejecuta un ajuste fiscal y evitar el coste político de imponer un ajuste agresivo sobre los hogares y

la actividad económica. Si se pierde capital político debido al fuerte peso impuesto sobre el sector privado, las tan necesarias reformas no tendrán lugar o se detendrán a mitad de camino. La dolarización es un fuerte choque positivo para las expectativas, mientras que el plan actual es un débil choque positivo (y potencialmente inestable) para las expectativas» (Nicolás Cachanosky 2024).

En todo caso, la crítica situación argentina, que condiciona las posibilidades que tiene Milei de llevar a cabo sus políticas, y de llevarlas a cabo con éxito, como veremos en el capítulo siguiente, puede que reclame una acción simultánea en todos los frentes, incluyendo el monetario y el fiscal, en particular para contener o *anclar* las expectativas de desorden fiscal y por tanto monetario en el futuro. Eso explicaría las drásticas medidas de austeridad que aplicó el nuevo Gobierno apenas asumió sus responsabilidades y la necesidad de mostrar en el corto plazo alguna señal de estabilidad, como la liberación del cepo cambiario.

Las redes sociales brindaron una reveladora muestra de cómo aborda Milei la cuestión. El 14 de febrero de 2024 Ravier tuiteó:

«Entiendo la idea del "ancla fiscal". Incluso creo que tendrá vigencia durante cuatro años. Pero ¿qué pasa pos-Milei? Nada es más transitorio que el equilibrio fiscal. Argentina necesita dolarizar. El plan económico debe tener elementos de irreversibilidad para que el mercado confíe».

Y el presidente Milei mismo respondió en su cuenta de X-Twitter: «COOOOOOORRECTO», así, con todas las oes y en mayúsculas.

Precios libres

Hemos visto que Milei cambió de opiniones económicas, si bien dentro del abanico de opciones liberales. Un aspecto de su liberalismo económico, sin embargo, se mantuvo siempre igual: su rechazo a los controles de precios.

Nunca creyó en la llamada *inflación de costes*, y respaldó desde temprano el argumento monetarista en la línea de Friedman:

> «Los funcionarios públicos siempre encuentran excusas para la subida de precios: hombres de negocios voraces, sindicatos codiciosos, consumidores despilfarradores, los jeques árabes, el mal tiempo o cualquier cosa que pueda resultar remotamente plausible. Es cierto, los empresarios son voraces, los sindicatos codiciosos, los consumidores despilfarran, los jeques árabes aumentan el precio del petróleo y las condiciones meteorológicas a menudo son malas. Todo esto puede conducir a aumentos de precios de bienes individuales, pero no puede llevar a un incremento general de los precios de todos los productos. Puede provocar una subida o una bajada temporal de la tasa de inflación, pero no puede ser la causa de una inflación continua por una razón muy simple: ninguno de estos aparentes culpables posee una máquina de imprimir estos trozos de papel que llevamos en nuestros bolsillos» (Milei 2014, pág. 71; ver también Milei y Giacomini 2016, págs. 96, 192).

La negación de la inflación de costes lo aproximó pronto a la Escuela austríaca, no por su teoría monetaria y de los ciclos económicos, sino por su teoría del valor subjetiva, que defendió frente a Keynes, a quien acusó de liquidarla «para poder determinar el nivel de precios en función de los costes» (Milei 2019, pág. 60).

En particular, Milei recurrirá a menudo al fundador de dicha Escuela, Carl Menger, y a su teoría de la imputación, que arguye que no son los costes los que determinan los precios, sino al revés: el valor del producto final es el que se imputa a las materias primas y demás costes que comporta su producción (véanse, por ejemplo, Milei y Giacomini 2016, págs. 98-99, 181, 193; Milei y Giacomini 2017, págs. 14, 158, 190, 280, 284; en esta obra repiten en dos oportunidades la frase: «Matar la inflación requiere más Menger y menos Keynes», págs.189, 474).

Defendió siempre el mercado abierto y los precios libres: «El sistema de precios funciona tan bien y con tanta eficiencia, que la mayoría de las veces no nos percatamos de ello hasta que alguien lo estropea» (Milei 2014, pág. 78). En la Argentina existe una larga tradición de mercados intervenidos y precios controlados, vigilados o *acordados*. Milei los condenó siempre, en primer lugar, por su ineficacia:

> «No existe un solo caso en la historia en el que el control de precios haya detenido la inflación o haya superado el problema de la escasez de productos. En este sentido, el caso argentino es emblemático. Los controles de precios, salvo en los períodos 1959-62, 1967-68 y 1991-2005, han sido la política antiinflacionaria por excelencia de los últimos setenta años, los cuales han tenido como resultado la destrucción de cinco signos monetarios que le quitaron trece ceros a la moneda y transformaron a un país rico en uno de frontera» (Milei 2014, pág. 81; ver también págs. 82, 29, 36, 155).

Recurrirá al libro de Schuettinger y Butler, que recopila la historia del fracaso de los controles de precios durante cuarenta siglos, obra que Milei después prologará (Milei y Giacomini 2017, págs. 109-110, 285; Schuettinger y Butler 2020).

Su defensa de los precios libres no es exclusiva ni principalmente económica. Como otros liberales, Milei censura también el intervencionismo en los mercados por su impacto político y moral. Los controles de precios, que son una «expropiación» (Milei 2022a, pág. 245):

> «No solo no resuelven el problema, sino que además conllevan un aumento del sistema represivo que condiciona fuertemente las libertades individuales, por lo que el remedio termina siendo peor que la enfermedad» (Milei 2015, pág. 25).

En efecto, Milei advierte que la manipulación de los precios, además del perjuicio económico que provoca, divide la sociedad, fomenta la corrupción y socava la libertad:

«La intervención estatal puede llevar a la destrucción del sistema de libre empresa y junto a ello lesionar la libertad política. Así, cuanto mayor sea la inventiva de los agentes para evadir los controles y mayor la tolerancia política, menos sufrirá el sistema, mientras que cuanto mayor sea el aparato represivo del Estado para controlar los precios, mayor será el daño sobre el nivel de actividad económica y el crecimiento» (Milei 2014, págs. 72-73; ver también págs. 164, 230).

Empresarios

Una faceta del pensamiento económico antiestatista de Milei que lo enlaza con el liberalismo es su defensa de la empresa.

Terminó su discurso de Davos con este mensaje dirigido a los empresarios:

«No se dejen amedrentar ni por la casta política ni por los parásitos que viven del Estado. No se entreguen a una clase política que lo único que quiere es perpetuarse en el poder y mantener sus privilegios.

Ustedes son benefactores sociales. Ustedes son héroes. Ustedes son los creadores del período de prosperidad más extraordinario que jamás hayamos vivido. Que nadie les diga que su ambición es inmoral. Si ustedes ganan dinero es porque ofrecen un mejor producto a un mejor precio, contribuyendo de esa manera al bienestar general.

No cedan al avance del Estado. El Estado no es la solución. El Estado es el problema mismo.

Ustedes son los verdaderos protagonistas de esta historia, y sepan que, a partir de hoy, cuentan con Argentina como un aliado incondicional.

Dicho de otro modo, el capitalista, el empresario exitoso, es un benefactor social que, lejos de apropiarse de la riqueza ajena, contribuye al bienestar general. En definitiva, un empresario exitoso es un héroe» (Milei 2024a).

En ningún caso esta alabanza a los empresarios les libra de las críticas por parte del economista argentino, pero, también en una tradición liberal que se remonta al menos hasta Smith, dichas críticas brotan del marco institucional y de los incentivos perversos del intervencionismo.

Lo ilustra, por ejemplo, este párrafo, de aroma smithiano:

«La mera disposición de los agentes económicos a llevar a cabo una inversión productiva y, más aún, para convertirse en empresarios innovadores puede estar limitada por la realidad institucional. Si los agentes perciben que las reglas del juego permiten un rendimiento mayor y menos incierto acercándose al poder, cuando este es ejercido de forma sesgada, que emprendiendo actividades innovadoras, tenderán a elegir la primera opción. Si el conjunto de regulaciones y algunas prácticas irregulares hacen más probable un rendimiento privado mayor en actividades no creadoras de riqueza que en actividades empresariales, se estarán creando incentivos en contra de la inversión productiva y de la innovación» (Milei 2014, pág. 293).

Milei piensa que este es el caso en algunos países, y por supuesto en la Argentina. En ese sentido contrasta el caso de Estados Unidos con el de Francia. A propósito de la pandemia, la intervención de sus respectivos Estados no fue similar. Aunque la Reserva Federal y el Banco Central Europeo acometieron políticas monetarias expansivas, las políticas fiscales divergieron a ambos lados del Atlántico, y también dentro de Europa. Milei aplaudió las ayudas generalizadas del Gobierno de Trump en términos de transferencias que dejaban a los ciudadanos en paro que recibían los subsidios la libertad de elegir en qué gastarían los fondos, mientras que —aquí alude Milei al último libro de Hayek— «El Estado francés, en su fatal arrogancia, determina en qué gastos los va a ayudar. No es un tema menor. De este modo, terminada la crisis, la ayuda del Gobierno americano cesa, el Gobierno deja de emitir los cheques de desempleo, o sea, que el aumento del gasto público es transitorio» (Milei 2020, pág. 20). De ahí la rápida recuperación de la economía estadounidense, mientras que en Francia el que gasta es el Estado, lo que dificulta la reducción de dicho gasto por la acción de lo que Rose y Milton Friedman llamaron *el triángulo de hierro del statu quo*, entre los que cobran del gasto, los burócratas que lo gestionan y los políticos oportunistas. Milei contrasta eso con el caso de Irlanda, que gracias a sus bajadas de impuestos pasó en poco tiempo de la miseria a la opulencia. Francia fue el último país de la OCDE en bajar los impuestos, apunta Milei, que reserva un dardo especial para Sánchez:

> «¿Y quién quiere, al contrario, subir los impuestos? España, la actual sucursal del chavismo en Europa y tan cercana a las ideas que hoy tanto se aclaman en *Argenzuela*» (Milei 2020, pág. 21).

La Argentina, y muy en particular la Argentina de los Kirchner, es para Milei ejemplo de la peor actitud hacia los empresarios por su hostilidad al mundo de los negocios y al mercado libre, por la inflación y el desmadre fiscal, que conforman lo que llama el «keynesianismo populista» (Milei 205, pág. 44). El estatismo se traduce en una pérdida de competitividad porque sus distorsiones impiden a los empresarios ganar dinero, lastrados por regulaciones de consecuencias absurdas, como las que hacen que un transporte por camión en la Argentina resulte «un 87 % más caro en dólares por tonelada que en los Estados Unidos» (Milei y Giacomini, 2016, pág. 58; ver también págs. 42, 46).

Los impuestos son tan onerosos que la presión fiscal del kirchnerismo fue 10 puntos del PIB superior a la media de América Latina, y «los impuestos que más aumentaron son aquellos que recaen sobre las empresas, afectando negativamente la inversión, la productividad y la generación de nuevos puestos de trabajo» (Milei y Giacomini 2017, págs. 432-433).

Milei asigna la principal responsabilidad a la política kirchnerista, refiriéndose sarcásticamente a Cristina Fernández de Kirchner porque «señaló que el problema de la corrupción obedecía a la tiranía del sector privado que somete a las más bajas tentaciones a los angelicales funcionarios públicos» (Milei y Giacomini 2017, pág. 406). Ahora bien, la contaminación actúa en todas las direcciones de la sociedad, con lo que Milei concluirá con un diagnóstico del mal que afecta a todo el poder, pero también a quienes de él se aprovechan:

«Este esquema putrefacto está extendido a todos los poderes del Estado: el Poder Ejecutivo, el Poder Legislativo y el Poder Judicial; y en todos sus niveles, nacional, provincial y municipal. Sustentados por medios de comunicación que viven de la pauta oficial y formadores de opinión ensobrados que miran para el otro lado o que eligen cuidadosamente a quién acusar y a quién no. Sustentado también por empresarios prebendarios que apoyan este modelo porque el retorno de pagar una coima es más tentador que el desafío de competir en el mercado. También por sindicalistas que entregan a sus trabajadores, engañándolos con supuestos beneficios mientras promueven un régimen laboral que solo los beneficia a ellos» (Milei 2024c).

La crítica a los empresarios que buscan rehuir la competencia del mercado para obtener ventajas mediante la influencia política es, por supuesto, una antigua tradición liberal que figura ya en Smith («Es raro que se reúnan personas del mismo negocio, aunque sea para divertirse y distraerse, y que la conversación no termine en una conspiración contra el público o en alguna estratagema para subir los precios») (Smith 2020, pág. 191).

Sin embargo, Milei, que ha mostrado una abierta sintonía con hombres de negocios que secundan el mercado libre y la competencia, como Elon Musk, no deja de aplaudir el mercado y el papel de los empresarios: «Si las transacciones son en libre mercado, son voluntarias, y si son voluntarias, ganan todos; si no, no existirían. De ahí que el libre mercado se basa en la cooperación y por ende no puede haber explotación (ya que nadie sería explotado voluntariamente)» (Milei y Giacomini 2019, pág. 176). Esta defensa equivale a una condena del estatismo, porque no es necesaria la intervención del Estado si las relaciones sociales libres son cooperativas, y lo son necesariamente si todas las partes que las entablan pueden ganar, con lo que el socialismo carece de base.

Por eso, como vimos, Milei saluda a los empresarios que salen adelante con sus negocios en un marco de competencia que el Estado no debe quebrantar:

«Son benefactores sociales porque nos brindan bienes de mejor calidad a un mejor precio, mientras que van creando puestos de trabajo y progreso en toda la sociedad. Por tanto, abracemos a los empresarios que son la base de la prosperidad.

El mercado es un proceso de descubrimiento en el cual el capitalista encuentra sobre la marcha el rumbo correcto. Pero si el Estado castiga al capitalista por tener éxito y lo bloquea en este proceso de descubrimiento, destruye sus incentivos, y la consecuencia de ello es que va a producir menos y la tarta será más chica, generando un perjuicio para el conjunto de la sociedad. El colectivismo, al inhibir estos procesos de descubrimiento y al dificultar la apropiación de lo descubierto, ata al emprendedor de las manos y le imposibilita producir mejores bienes y ofrecer mejores servicios a un mejor precio» (Milei 2024b).

Este canto a las personas del mundo de los negocios se extiende incluso al especulador, es decir, el empresario malvado por excelencia según los cánones estatistas:

«El especulador compra barato y vende caro, es decir, ahorra bienes cuando estos no hacen falta y los proporciona cuando son necesario.

Así, el especulador quita volatilidad al precio dándole mayor previsibilidad y mejora el bienestar de los individuos que son adversos al riesgo. Naturalmente, esta actividad no está exenta de riesgo (absorbe el riesgo de los consumidores) y, fruto de ello, el retorno de su actividad, en caso de éxito, estará por encima del retorno libre de riesgo. Por ende, el especulador, lejos de ser un villano, más bien es un héroe» (Milei y Giacomini 2017, pág. 391).

Asimismo, recalcando el carácter fundamentalmente cooperativo de la relación entre empresario y trabajador, Milei rechaza la acostumbrada condena al beneficio empresarial y critica a quienes censuran las ganancias supuestamente *excesivas*, acusándolos de no comprender el papel de la rentabilidad empresarial en favor del bienestar de la sociedad. En repetidas oportunidades advierte sobre los riesgos que comporta el perseguir o abolir el beneficio. Quienes de esa forma actúan pretenden en realidad destruir el capitalismo, que:

«No puede sobrevivir a la abolición del beneficio; son los beneficios los que obligan a los capitalistas a emplear su capital para el mejor servicio posible a los consumidores. Por ello, si los políticos lograran su objetivo de abolir el beneficio, la economía entrará en un caos y lo único que lograrán será multiplicar la pobreza» (Milei 2022a, pág. 161; ver también págs. 140, 142).

Monopolio

La defensa liberal de los empresarios por parte de Milei está asociada a su nueva visión del monopolio y los fallos del mercado, que forma parte esencial, quizás la clave, de su giro analítico, dejando atrás la economía neoclásica y adoptando la Escuela austríaca, giro que relata con emoción. En efecto, tras leer a Mises, Hayek y Rothbard, descubrió:

«El alma de la economía. Encontré la libertad. Empecé a ver con claridad meridiana los problemas en las distintas partes de la literatura neoclásica. Obviamente, cuando uno se quita la venda y abre los ojos, la vida no vuelve a ser la misma. Y cuando lo que se descubre son nada menos que las ideas de la libertad, la vida cambia de manera irreversible. Es lo que felizmente me ocurrió a mí» (Milei 2022a, pág. 52).

Nótese que el economista subraya el solapamiento entre economistas austríacos y libertad. Esto podría resultar chocante a quienes —y seguramente serán la mayoría de los economistas y el público en general— están habituados a vincular la economía ortodoxa con el liberalismo. Sería a primera vista absurdo cuestionar el liberalismo, digamos, de tres grandes premios Nobel de Economía de la Escuela de Chicago: Friedman, George Stigler y Gary Becker.

Sin embargo, hay un punto fundamental en el que Milei y los austríacos pueden distinguirse con ventaja, y es en la visión del mercado como un proceso de búsqueda y de creación (o de *destrucción creativa*, por utilizar la famosa expresión de Schumpeter). En cambio, la economía neoclásica tiende a analizar el mercado desde la óptica del equilibrio y la optimización en la asignación de recursos partiendo de modelos cuyo extremo es la competencia perfecta. En ese marco es relativamente sencillo terminar cuestionando el mercado incluso aunque lo pretendamos defender. Por obvias razones, es muy tentador utilizar ese marco analítico si el objetivo es encontrar fallos del mercado en los modelos asignativos para justificar el estatismo en contra del liberalismo. Eso es precisamente lo que han hecho numerosos economistas antiliberales, y es precisamente lo que Milei critica.

Su argumento estriba en que la economía neoclásica, independientemente de sus intenciones:

«Termina siendo funcional a la intromisión del Estado, el socialismo y la degradación de la sociedad. El problema de los neoclásicos es que, como el modelo del que se enamoraron no mapea contra la realidad, atribuyen el error a supuestos fallos del mercado en vez de revisar las premisas de su modelo.

Este problema radica esencialmente en que ni siquiera los economistas supuestamente libertarios comprenden qué es el mercado, ya que si se comprendiera se vería rápidamente que es imposible que exista algo así como un fallo de mercado. El mercado no es una curva de oferta y demanda en un gráfico. El mercado es un mecanismo de cooperación social donde se intercambian voluntariamente derechos de propiedad. Por tanto, dada esa definición, el fallo del mercado es un oxímoron. No existe el fallo de mercado.

Si las transacciones son voluntarias, el único contexto en el que puede haber un fallo de mercado es si hay coacción. Y el único con la capacidad de coaccionar de manera generalizada es el Estado, que tiene el monopolio de la violencia. En consecuencia, si alguien considera que hay un fallo de mercado, le recomendaría que revise si hay intervención estatal en el medio» (2024a).

Este punto, y en concreto el análisis del monopolio, fue lo que alejó a Milei de los neoclásicos y lo acercó a los austríacos (Milei 2014, pág. 277), porque la noción de los fallos del mercado *abre la caja de Pandora socialista* e impide ver el origen del problema: el Estado (Milei 2022a, págs. 25, 50-52, 106).

La clave, que por cierto no es exclusiva de la Escuela austríaca, es la existencia o no de barreras artificiales de entrada en los mercados. Si no existen, entonces los monopolios no solo no son perjudiciales, sino que son beneficiosos:

«La presencia de los monopolios en un contexto de libre entrada y salida es una fuente de progreso, y la obsesión de los políticos por controlarlos, como siempre ocurre, solo termina dañando a los individuos que se buscó ayudar.

Lo que hace daño es si se trata de un monopolio derivado de la acción del Estado.

El monopolio, salvo que sea resultado de la acción violenta del Estado, nada tiene de malo» (Milei 2022a, págs.127-128, 48).

«Cuando se deja en claro que la corrección de fallos del mercado por parte del Estado que se plantea en el marco neoclásico es inválida conceptualmente, teniendo en cuenta que los únicos que pueden internalizar dichos efectos solo son los individuos, al tiempo que se quiebra la separación artificial de los procesos en la toma de decisiones, ya no existirán motivos para la intervención estatal, lo cual no solo frenará el avance socialista, sino que también nos permitirá el contraataque» (Milei 2022b, págs. 329-330; ver también Howden 2023, Milei 2022a, pág. 132).

Milei analiza el monopolio asociándolo a los rendimientos crecientes a escala, lo que en la teoría neoclásica plantea el problema de que la producción, con esos rendimientos, nunca se maximizaría, lo que está en contradicción con la idea de que los factores de producción tienen rendimientos marginales decrecientes. Al mismo tiempo, si los rendimientos son decrecientes y la producción se maximiza en un determinado punto de equilibrio, resulta arduo explicar cómo crece la economía a partir de ese punto. Por otro lado, la presencia de rendimientos crecientes incentiva a concentrar la producción sin límites. Una sola empresa podría fabricar toda la producción mundial simplemente incorporando cada vez más insumos. Se pasa de ahí a considerarlo un fallo del mercado, que animaría la concentración monopólica y justificaría la intervención de otro monopolio: el Estado.

Responde Milei:

«Naturalmente, eso es un error matemático porque, si yo tengo rendimientos crecientes, puedo encontrar un máximo si utilizo todas las dotaciones de la economía, y entonces ahí aparecería otro problema, que me quedaría una sola empresa; pero eso que parece algo empíricamente correcto también tiene otro error conceptual porque básicamente implica desconocer la naturaleza de la firma y entre otras cosas deja de lado el hecho de que las firmas son manejadas por seres humanos, y naturalmente cuando ustedes más quieran trabajar para producir más, el coste de oportunidad del tiempo libre crece fenomenalmente» (Milei 2024a).

En su diagnóstico, tienen que existir rendimientos crecientes, cuyo análisis él remonta, como vimos, al dinamismo de la productividad que desencadena la división del trabajo en el ejemplo de los alfileres en *La riqueza de las naciones* (Smith 2020, págs. 34-35).

Dichos rendimientos explican el desarrollo de los últimos dos siglos:

«Desde el año 1800 en adelante con la población multiplicándose más de ocho o nueve veces, el producto per cápita creció más de quince veces. Es decir, existen rendimientos crecientes, y eso llevó la pobreza extrema del 95 al 5 %.

El dilema al que se enfrenta el modelo neoclásico es que dicen querer perfeccionar el funcionamiento del mercado atacando lo que ellos consideran fallos, pero al hacerlo no solo le abren las puertas al socialismo, sino que atentan contra el crecimiento económico. Por ejemplo, regular monopolios, destruirles las ganancias y destrozar los rendimientos crecientes, automáticamente destruiría el crecimiento económico.

Dicho de otro modo, cada vez que ustedes quieran hacer una corrección de un supuesto fallo de mercado, inexorablemente, por desconocer lo que es el mercado o por haberse enamorado de un modelo fallido, le están abriendo las puertas al socialismo y están condenando a la gente a la pobreza» (Milei 2024a).

Milei también cuestiona otros fallos del mercado, como las externalidades, los bienes públicos o la información asimétrica, con *definiciones tan elegantes* y que promueven el avance del estatismo. Pero señala especialmente el caso del monopolio, cuya regulación «parte de un mal análisis económico», que se concentra en equilibrios parciales, e ignora el resto de la economía y su evolución futura, desembocando en un freno a los incentivos al crecimiento económico:

> «Supongamos que tengo diez empresas compitiendo por hacer teléfonos celulares y una de ellas descubre una técnica para hacer un teléfono de mejor calidad a un menor precio. Naturalmente hay nueve empresas que van a quebrar. Sin embargo, ¿alguno de ustedes se quejaría por tener mejores teléfonos a un mejor precio? Por tanto, fuera la teoría neoclásica» (Milei 2024b).

Desigualdad

En cuanto a la desigualdad, que ha atraído la atención creciente de los antiliberales en las últimas décadas, Milei también la descarta, criticando el análisis de Piketty y volviendo a centrar la cuestión en el estatismo y sus consecuencias (Milei 2014, pág. 238; Milei 2022a, pág. 44).

Cuestiona la superioridad moral del antiliberalismo y la eficacia de sus recetas:

> «Los ataques socialistas basados en la ética son falsos y carentes de todo fundamento, y el argumento en torno a la desigualdad de la renta ha sido el emblema de errores que demasiado daño han causado a la humanidad.
>
> [El kirchnerismo condena] la supuesta grieta entre ricos y pobres, cuando la verdadera grieta es entre la corporación política, junto con su ejército de parásitos, y los individuos.
>
> Cuando aparece la sensiblera serenata progresista que se lamenta por la *desigual* distribución del ingreso, fruto de la presencia de *ganancias excesivas*, y desde ahí pretende castigar a los exitosos con

impuestos progresivos (discriminatorios), se termina dañando a los más vulnerables. Así, un impuesto progresivo constituye un privilegio para los relativamente más ricos, puesto que obstaculiza el ascenso en la pirámide de riqueza y produce un sistema de inmovilidad y rigidez social. Al mismo tiempo, estos impuestos, al afectar de modo negativo el proceso de acumulación de capital, impactan sobre los trabajadores marginales; no solo hacen que el impuesto progresivo tienda a ser regresivo, sino que reducen el bienestar por la vía de menos ingreso y peor distribución» (Milei 2022a, págs. 146, 173, 163).

En varias oportunidades cuestiona la teoría de Mill, quien planteó en 1848 la existencia de dos tipos de leyes económicas: las leyes de producción, por un lado, que son como «realidades físicas», y las leyes de distribución, por otro lado, que son de una naturaleza muy diferente, al depender de «instituciones humanas»:

«Una vez que existen las cosas, la humanidad, individual o colectivamente, puede disponer de ellas como le plazca» (Mill 2006, pág. 191).

En esta concepción, como en otras, Mill se anticipó a la socialdemocracia y al estatismo moderno y ha probado ser más perdurable que el comunismo que alumbraron Marx y Engels con su célebre *Manifiesto* publicado ese mismo año.

Milei lo considera una «peregrina idea» porque «la distribución es una pieza inseparable del proceso de producción» (Milei y Giacomini 2017, pág. 415):

«Nadie podrá engañarse respecto al hecho de que la distribución de la renta constituye una pieza inseparable del proceso productivo y que la misma está sujeta a leyes similares que las demás partes integrantes.

Los hechos no convalidan la hipótesis de John Stuart Mill, que señala la independencia entre producción y distribución, sino que tales fenómenos son dos caras de la misma moneda» (Milei y Giacomini 2019, págs. 17, 164-165; ver también Milei 2022a, pág. 147).

Aplaude la noción liberal de igualdad —«la única igualdad que vale es la igualdad ante la ley» (Milei 2022a, pág. 270)— y niega que la justicia social sea justa porque «la redistribución del ingreso implica robar» (Fantino 2018), acusando además a los «falsos justicieros sociales que buscan castigar a un grupo de personas robándoles el fruto de su trabajo para dárselo a otros» (Milei 2022a, pág. 131) y burlándose del estatismo y el populismo que presumen de altruismo con el dinero ajeno:

«Argentina es un país que produce alimentos para más de 400 millones de seres humanos y la presión fiscal sobre el sector productor de alimentos es del 70 %. Es decir, que el Estado se queda con el alimento de 280 millones de seres humanos. A pesar de ello, hay cinco millones de argentinos a los que no les alcanza para comer gracias al maldito Estado» (Milei 2024b).

Milei rechaza la crítica estatista al capitalismo por razones morales:

«Dicen que el capitalismo es malo porque es individualista y que el colectivismo es bueno porque es altruista, con [plata] ajena, y en consecuencia bregan por la «justicia social». Pero este concepto que en el primer mundo se ha puesto de moda en la última década, en mi país es una constante del discurso político desde hace más de ochenta años. El problema es que la justicia social no solo no es justa sino que tampoco aporta al bienestar general. Muy por el contrario, es una idea intrínsecamente injusta, porque es violenta. Es injusta porque el Estado se financia a través de impuestos y los impuestos se cobran de manera coactiva. ¿O acaso alguno de nosotros puede decir que paga los impuestos de manera voluntaria? Lo cual significa que el Estado se financia a través de la coacción y que, a mayor carga impositiva, mayor es la coacción, menor es la libertad» (Milei 2024a).

La política redistributiva para reducir la desigualdad, por tanto, es éticamente objetable:

«Cada intento de nivelar las remuneraciones mediante un sistema de impuestos progresivos y/o confiscación de los resultados frente a la existencia de un proceso extorsivo anclado en la lógica de las mayorías (populismo) no solo redistribuye de modo violento lo que el mercado ha distribuido, sino que implica un trato desigual frente a la ley según el éxito que se haya conseguido en servir a las necesidades del prójimo. Consecuentemente, esto originaría una clase de sociedad que en todos sus rasgos básicos sería opuesta a la sociedad libre» (Milei 2020, pág. 337).

Podemos concluir este apartado observando cómo aborda Milei un caso concreto y paradigmático de redistribución de la renta a cargo del moderno estado de bienestar: la Seguridad Social. A su juicio:

«El Estado confisca dinero a los asalariados en el presente para invertirlo (mejor) y luego pagarles cuando sean ancianos exasalariados en el futuro. El Estado y sus funcionarios, o sea, los políticos, mienten. El Gobierno no invierte los fondos que obtiene mediante impuestos; simplemente los gasta entregándose a sí mismo sus propios títulos, que más tarde hace efectivos cuando ocurre la exigibilidad de los beneficios. El efectivo, naturalmente, solo puede obtenerse mediante un gravamen ulterior. El público tiene que pagar dos veces por la seguridad social. Además, en un sistema de reparto no hay conexión entre la confiscación presente y la jubilación a recibir en el futuro. Los fondos confiscados a los trabajadores presentes son para pagar las jubilaciones de los ancianos de hoy en día. Las jubilaciones futuras dependerán del pago de los trabajadores del mañana, inclusive de aquellos que no nacieron todavía» (Milei y Giacomini 2019, pág. 208).

Tras este diagnóstico, Milei propone el libre mercado, que el Estado se aparte, en este campo como en todos los demás, y que no exista la Seguridad Social. Pero nótese la retórica con la que da la impresión de que no habría dificultades apreciables:

«A los trabajadores se les debe dejar de confiscar sus aportes. A los empresarios se les debe dejar de confiscar sus contribuciones. Cada uno debe ahorrar para su propio futuro. En este marco y, si lo desean, hijos y padres pueden hacer transferencias voluntarias intergeneracionales entre sí. *El único problema* que emerge en esta solución de libre mercado es la transición. Son los jubilados actuales y los trabajadores de edad avanzada que fueron confiscados durante épocas. Los actuarios deberían ponerse a hacer cálculos para poder dar una solución a este problema» (*ibid.*, pág. 210, cursivas añadidas).

Camino

El pensamiento económico de Milei tiene dos características sobresalientes: el liberalismo y el cambio. Se ve en su opinión respecto a uno de los más grandes economistas argentinos del siglo XX, Julio H. G. Olivera, a quien denigra primero para alabarlo pocos años después (Milei y Giacomini 2016, págs. 13-14, 192; Milei 2022a, págs. 54, 227, 249, 251).

Esto no es una simple incoherencia sino un símbolo de lo que ha hecho Milei académicamente: recorrer un camino, que lo llevó desde una juventud de centroizquierda hasta el anarcocapitalismo, pasando por ser «un neoclásico recalcitrante». Es decir, un camino con giros que le resumió con gracia al periodista Jorge Fontevecchia: «Cada cambio sobreviene de haberla pifiado [haberse equivocado] previamente». Y cuando, a continuación, Fontevecchia le pregunta si es posible que dentro de quince o veinte años nuevas evidencias le hagan cambiar de opinión, Milei responde: «Obviamente, sí. El conocimiento está totalmente en ebullición. Siempre es provisorio» (Milei 2022a, pág. 308-309).

Este camino estuvo marcado, como hemos visto, por un aprecio por el liberalismo y un rechazo al estatismo. Es una simplificación, que se comete a menudo, reducirlo a que se trata de un peligroso extremista o intentar relacionarlo, a través de los Chicago Boys, con la dictadura de Augusto Pinochet (Centenera 2024).

Lo más interesante de su andadura desde el punto de vista de la teoría económica es cómo Milei, justo al revés de lo que habitualmente se predica de él, ha terminado recorriendo un camino marcado por lazos, y no solo por rupturas. No he abordado en este libro su biografía personal, pero no puedo evitar pensar que los nombres de sus perros tienen que ver con dichos lazos porque unen a la Escuela de Chicago con la austríaca, cuya rivalidad es muy conocida: Murray (por Rothbard), Milton (por Friedman) y Robert y Lucas (por Robert Lucas).

Para colmo, en su preocupación por el crecimiento económico y el progreso tecnológico se apoya en Smith, que muchos austríacos, empezando, precisamente, por Rothbard, desaprueban. Ya hemos visto que Milei evoca la productividad de la división del trabajo smithiana. Pero también recoge otro aspecto de Smith que tiene que ver con «la idea del aprendizaje en la práctica», y que es el relato del joven trabajador que, para ahorrar tiempo y poder divertirse con sus compañeros, inventa un nuevo proceso que constituye un avance técnico (Smith 2020, pág. 40). Milei liga a Smith con la teoría moderna del crecimiento económico endógeno: «La presencia de rendimientos crecientes a escala, que permita la existencia de un sendero de crecimiento del producto per cápita a largo plazo». Smith, así, permite abordar la dificultad neoclásica, que ya hemos mencionado, de que, como la función de producción tiene rendimientos no crecientes o constantes, y cada factor considerado aisladamente los tiene decrecientes, el modelo «está impedido de mostrar una tasa de crecimiento del producto per cápita una vez alcanzado el equilibrio de estado estacionario» (Milei2022a, págs. 107-108; ver también Milei 2022b).

Por eso su amigo y coautor Giacomini dice:

«Milei construye dos puentes teóricos novedosos y fundamentales. El primer puente es trazado entre Friedman/Robert Lucas y la Escuela austríaca. Este puente permite explicar, mostrar y demostrar las bondades de la teoría austríaca como paradigma de análisis teórico más acabado. El segundo puente tiende una conexión entre la Escuela austríaca y las teorías del crecimiento económico» (Milei 2019, pág. 16).

Y Ricardo López Murphy, economista, político y exministro argentino, también destaca la incorporación que reclama Milei, y que ya hemos mencionado, de las teorías de la dinámica económica al pensamiento austríaco, «reconociendo las dificultades que tal esfuerzo tiene, en particular, por los rendimientos crecientes» (Milei 2019, pág. 11).

6. Posibilidades

—————

«Por favor, no huyan de mí,
yo soy el rey de un mundo perdido».

La Renga
Panic Show

El 13 de diciembre de 2023, es decir, tres días después de que Milei asumiera la presidencia de la República Argentina, el periodista Eduardo Feinmann entrevistó en el canal de televisión de *La Nación* al exministro López Murphy, que describió así las dramáticas circunstancias del país:

> «Escuchaba durante estos días una minimización de la crisis. Creo que no. Diría que la crisis es más grave aún de la que el presidente menciona. La situación cuando yo era ministro [en la época de Fernando de la Rúa en 2001] era muy delicada. Imagínese lo que es ahora. Cuando yo era ministro había dos millones de empleados públicos y cuatro millones de jubilados. Ahora hay cuatro millones

de empleados públicos, diez millones de jubilados y cinco millones de planes sociales.

Todo el mundo habla del déficit de Estados Unidos. Viene creciendo muy bien, tiene una robustez esa economía, y sin embargo tiene un déficit y todo el mundo está muy preocupado. ¿Cuánto es el déficit de Estados Unidos? Es 0,5. ¿Cuál es nuestro déficit respecto a la circulación monetaria? Es aproximadamente siete veces.

Es decir, nuestro problema es catorce veces más grave que el problema que conmociona al mundo, que es el déficit fiscal de Estados Unidos, un país que tiene mercado de capitales, una moneda creíble, cosas que no nosotros no tenemos. La situación es extraordinariamente grave».

El panorama, en realidad, no solo es, como dijo López Murphy y como conoce la población argentina, extraordinariamente grave, sino que las posibilidades de que se resuelva satisfactoriamente, si es que se resuelve, pasarán con seguridad por una primera fase en la cual las cosas empeorarán aún más. Esta es una antigua regularidad del estatismo que ya señaló Smith hace dos siglos y medio cuando denunció las consecuencias del intervencionismo mercantilista:

«¡Así son de desgraciados los efectos de todas las reglamentaciones del sistema mercantil! No solo introducen desórdenes muy peligrosos en el estado del cuerpo político, sino que son desórdenes con frecuencia difíciles de remediar sin ocasionar, al menos durante un tiempo, desórdenes todavía mayores» (Smith 2020, pág. 596).

Las posibilidades de Milei, por tanto, dependen críticamente de que los ciudadanos soporten esta primera fase, que está siendo y será muy dura, algo que solo harán si tienen confianza en que su nuevo presidente está haciendo las cosas bien y que, en consecuencia, el país mejorará en un plazo no demasiado largo.

Oposición

Probablemente pueda existir un consenso teórico entre las fuerzas políticas sobre la conveniencia de realizar un ajuste frente a la opción de no hacerlo, como observaron Milei y sus coautores hace una década:

> «La verdadera disyuntiva, más allá de los discursos que violan de manera flagrante los equilibrios macroeconómicos, consta en elegir entre un reacomodamiento ordenado de la economía minimizando el daño social o uno desordenado impuesto por la propia dinámica de los hechos» (Milei, Giacomini y Ferrrelli Mazza 2014, pág. 171).

Sin embargo, la inconsistencia temporal, que mencionamos anteriormente a propósito de la política monetaria, también cumple un papel en la política electoral, en el sentido de que resultará difícil para la oposición resistir la tentación de utilizar contra el liberalismo en general, y contra Milei en particular, un arma políticamente tan poderosa como los malos resultados económicos y sobre todo sociales de lo que el presidente llamó en su día «la verdadera prueba de amor de un programa ortodoxo: el ajuste del gasto público» (Milei 2014, pág. 150).

Por supuesto, además de las razones objetivas, que comentaremos después, Milei recibirá las protestas y reacciones de los beneficiarios del estatismo, que, después de muchos años de antiliberalismo, y sobre todo después de las dos décadas del populismo kirchnerista, son numerosos y estarán sin duda dispuestos a la acción. Además de los que cobran subsidios o planes sociales, están quienes los gestionan y manipulan políticamente, los partidos, los sindicatos, los burócratas, los empresarios que viven de la protección pública, las ONG y muchas otras actividades para las cuales el liberalismo es una seria amenaza: «La cultura de dependencia del Estado podría dificultar la aceptación de políticas que busquen disminuir su papel» (Tejada Yepes 2023, apartado 9).

Estos grupos son muy poderosos y están acostumbrados a que su hegemonía no sea cuestionada, y mucho menos derrotada políticamente. Como se vio en los disturbios chilenos de 2019, la izquierda no estaba dispuesta a dejar que las políticas liberales continuaran con el éxito que tuvieron finalmente en Chile, al que convirtieron, como aseveró el profesor Sebastián Edwards, en «el líder económico indiscutible de América Latina, el país con la mayor renta per cápita, la menor pobreza y los mejores indicadores sociales» (Edwards 2023, pág. 198).

La experiencia chilena, en el fondo, invita a pensar que los enemigos de la libertad tienen muchos incentivos a no esperar a que la opción liberal, que disputa frontalmente la validez del pensamiento único políticamente correcto, se traduzca en políticas exitosas y que, por ello, puedan granjearse más apoyo popular y cuestionar aún más los dogmas del estatismo.

La oposición, asimismo, cuenta no solo con el mencionado respaldo de los grupos de interés, sino con el del mundo de la cultura, el arte, los intelectuales y los medios de comunicación, habituales palancas del pensamiento antiliberal, y que en estos primeros meses de la presidencia de Milei han dado pruebas suficientes de que pretenden oponérsele en todos los frentes, desde lo fáctico hasta lo ideológico, y lo habitual es que le cuelguen todos los sambenitos del progresismo. Así ya se le está adjudicando hostilidad a la democracia y a los derechos humanos, y en especial se demoniza su liberalismo con planteamientos ridículos, como «Milei está gobernando hacia el mercado y de espaldas a la sociedad» o «para el 10 % más rico del país» (Centenera 2024).

Argumentos

Ahora bien, independientemente de los motivos interesados que puedan tener sus adversarios para sabotear el Gobierno de Milei, ¿tienen datos y argumentos válidos para sostener su oposición?

Milei reivindicó así sus primeras semanas de gestión:

«Hemos avanzado en la reducción del gasto público más profunda de nuestra historia. Es decir, si bien ha habido licuación, ha habido mucho más de motosierra, todo para la política.

En el plano económico, comenzamos por destruir el huevo de la serpiente: el déficit fiscal.

Siempre dijimos que le pedimos el voto a la gente, no para que nos dé el poder a nosotros, sino para devolvérselo a los argentinos. Esa cruzada empieza por reducir el tamaño del Estado a su mínimo indispensable y purgarlo de privilegios para los políticos y sus amigos.

Derogamos la nefasta ley de alquileres y pasó exactamente lo que dijimos: la oferta de bienes en el mercado se duplicó de diciembre a febrero y en consecuencia el valor en términos reales de los alquileres bajó. Derogamos también la nefasta ley de abastecimiento» (Milei 2024c).

Aquí la clave es la palabra *licuación*. Ya vimos en el capítulo anterior que Milei reprochaba a los gobiernos argentinos que la única austeridad que habían practicado toda la vida es reducir el gasto en términos reales a través de la «licuación inflacionaria» (Milei 2014, pág. 37). Esto mismo que él criticaba es lo que ha hecho en los primeros meses de su gestión en lo que ha sido definido como la paradoja de subir los precios para bajar la inflación:

«Es decir, provocar un salto en el nivel de precios lo suficientemente grande para licuar los pasivos monetarios y el gasto público primario, de manera tal de recomponer el nivel de reservas internacionales y reducir drástica y repentinamente el déficit fiscal (y cuasifiscal) y la necesidad de financiarlo con emisión monetaria e inflación. Un "viejo truco" muy latinoamericano: licuar para ajustar y luego estabilizar».

Para que se sostenga en el tiempo son necesarias reformas estructurales, fiscales, de gasto para no paralizar la inversión en infraestructura *sine die*, ayuda del FMI para eliminar el cepo cambiario, acuerdo político con la oposición y con los gobernadores, etc. Si esto no sucede:

«Y en la medida que los efectos de la licuación se irán disipando por las presiones sociales, económicas y políticas, Argentina corre el riesgo de volver, más temprano que tarde, a la dinámica que trajo al país hasta aquí. Y que resultó en la elección del presidente Milei. O quizás, esta vez sea diferente» (Talvi y Harguindeguy 2024).

Puede que, efectivamente, esta vez sea diferente, pero para que lo sea tienen que notarse algunas señales y despejarse algunas incógnitas, como veremos en el apartado siguiente.

El presidente llegó a la Casa Rosada precedido por unos mensajes suyos que insistían en tres ideas: el ajuste es imprescindible, pero se concentrará en el gasto; las personas vulnerables no serán sus víctimas, y la economía volverá a crecer.

Milei reiteró la necesidad de recortar los subsidios económicos, pero nunca los sociales. En cuanto a los impuestos, y a tono con lo que habían sido sus recomendaciones a lo largo de su carrera, política, académica y profesional, Milei subrayó la urgencia de reducirlos (Milei 2014, pág. 135; Milei 2015, págs. 74-75; Milei y Giacomini 2016, págs. 120, 128).

No parece haber cumplido. Cachanosky señaló:

«Durante la campaña electoral también afirmó el presidente que, antes de levantar la mano para aprobar un aumento de impuestos, se cortaba el brazo. Sin embargo, lo primero que hizo cuando envió la Ley Ómnibus al Congreso fue proponer volver atrás la bajada de ganancias para los trabajadores, subir las retenciones a los derivados de la soja y extenderlas a todos los productos regionales, además de elevar la alícuota del impuesto PAIS a todas las importaciones —más proteccionismo—» (Roberto Cachanosky 2024).

Tampoco parece cierto que, aunque es indudable que ha habido una importante reducción del gasto público, los ciudadanos, y en especial las personas más vulnerables de la sociedad, se hayan mantenido al margen del impacto, como apunta Luis Secco:

«Un 80 % del ajuste se produjo como consecuencia de aumentos nominales por debajo de la inflación. En particular, de las jubilaciones y pensiones y otras prestaciones sociales y de las transferencias, relacionadas con los subsidios económicos, sobre todo energía y transporte» (Secco 2024).

¿Dónde se recorta más el gasto?:

«Los números muestran que el 57 % del ajuste recae sobre los hombros del sector privado, mientras que el 43 % restante recae sobre el Gobierno. Contrariamente a las repetidas declaraciones de Milei, la mayor parte de la austeridad la están soportando los hogares y el sector privado, cuyo límite de paciencia se desconoce» (Nicolás Cachanosky 2024).

Paciencia

El límite preciso de la paciencia de los argentinos, efectivamente, es una incógnita y, como el de las burbujas, solo se despeja cuando estallan.

Sin embargo, cabe ponderar las circunstancias que pueden contribuir a diferir dicho límite al futuro en los campos de la economía, la política y las ideas.

En la economía destaca el efecto de la moderación de la inflación sobre el crecimiento, lo que es crucial en una sociedad golpeada por precios sistemáticamente al alza y un desarrollo languideciente.

Milei sostuvo:

«Las políticas antiinflacionarias de choque aplicadas en la Argentina desde comienzos de la década de 1950 no fueron recesivas prácticamente nunca. Y varias fueron expansivas» (Milei 2014, pág. 135).

El nuevo presidente no engañó sobre los costes iniciales que comportaría su Gobierno, y los anunció en público desde el primer día:

«Ustedes saben que he construido mi carrera política sobre decirles siempre la verdad, ustedes saben que prefiero elegir una verdad incómoda antes que una mentira confortable.

Vamos a empezar la reconstrucción de Argentina, luego de más de cien años de decadencia, pero volviendo a abrazar las ideas de la libertad y, si bien vamos a tener que soportar un período de dureza, vamos a salir adelante» (Milei 2023b).

Los argentinos están percibiendo la dureza, como apuntamos antes, y las esperanzas de salir adelante dependerán de que también perciban mejoras económicas. De momento, se notan en la desaceleración de la inflación, tras su salto inicial, y algunas mejoras, que Milei se ocupó de destacar, como vimos en el mercado de los alquileres. Este punto tiene importancia económica y también política. La Argentina, como otros países, tiene una economía tan intervenida y regulada y, en consecuencia, un entramado de trabas y costes que han lastrado su productividad durante décadas, que no sería de extrañar que las desregulaciones y liberalizaciones que pretende acometer el Gobierno de Milei obtengan a corto plazo resultados tan positivos como el incremento en la oferta de viviendas en alquiler desencadenado por la derogación de la legislación intervencionista que dificultaba la expansión de dicho mercado. Todo esto, naturalmente, sin dejar de reconocer que las reformas de fondo tienen un rezago a la hora de traducirse en un crecimiento económico sostenido y de estabilizar la situación financiera y monetaria de modo que se eliminen o neutralicen los riesgos de colapso hiperinflacionario.

Es cierto que la acción gubernamental dependerá de los apoyos políticos y que Milei se ha enfrentado a obstáculos considerables en ese ámbito que han dificultado o bloqueado su agenda liberalizadora. Pero no cabe olvidar que en política Milei ha ido ajustando su gestión a sus posibilidades reales. Por eso moderó su agenda anterior y se plegó a aliarse y a gobernar con Patricia Bullrich, su rival en las últimas elecciones, y otros integrantes de Juntos por el Cambio y Propuesta Republicana (Pro), partidos de Mauricio Macri, que respaldó a Milei y con quien posiblemente teja una alianza de cara a las elecciones legislativas de 2025. Y por eso Milei convocó a otros rivales, los gobernadores provinciales, a un acuerdo en la ciudad de Córdoba el 25 de mayo de 2024 para intentar confluir en una agenda liberalizadora. Incluso adversarios de Milei tan firmes como Cachanosky han apreciado la relevancia de esta actitud: «Si Milei recapacita y acuerda con los gobernadores reformas estructurales básicas, habrá chances de evitar otro fracaso» (Roberto Cachanosky 2024).

En el campo de la política también cabría considerar que los políticos más antiliberales se planteen la opción de dejar atrás sus postulados más estatistas. Ningún político de ningún partido vive por completo al margen de la opinión pública, y la victoria electoral de Milei puede indicar que esa opinión en la Argentina ha cambiado y empieza a rechazar el intervencionismo, no de manera coyuntural, sino estructural. Si esto es así, si la gente puede recortar profundamente la tolerancia con la que ha aceptado la ineficiencia y la corrupción escandalosas de las diversas variantes del estatismo que la han gobernado, entonces no es descartable que políticos o sindicalistas, preocupados por su creciente deslegitimación a ojos del pueblo, se acerquen a nociones liberales, algo que, como ya hemos visto, hicieron hace mucho tiempo los primeros socialistas argentinos. Todo ello podría aumentar la paciencia ciudadana con los malos datos económicos coyunturales de la Administración Milei.

Es posible que los ciudadanos estén de verdad a favor del cambio:

«El presidente tiene un diagnóstico correcto de la situación (y quienes lo votaron lo compartían al momento de hacerlo): la respuesta a los problemas de la Argentina no pasa por más Estado, sino por muchísimo menos Estado (más chico, más eficiente y menos regulador). Asimismo, la idea de impulsar un cambio de régimen con dos pilares, la estabilización macro y las reformas estructurales, es correcta» (Secco 2024).

Es un cambio que pasa por el pensamiento, como dijo Villarruel:

«Nuestras ideas de libertad, defensa de la vida y del derecho de propiedad, que parecían patrimonio de pequeños sectores de la sociedad, en realidad eran el pensamiento de millones de ciudadanos silenciosos que nos acompañaron» (Milei 2022a, pág. 84).

Si ese cambio existe, se puede reflejar en muchos aspectos, como el apoyo al realineamiento de la diplomacia argentina en favor de democracias y no de dictaduras o regímenes populistas, el cuestionamiento de algunos dogmas muy extendidos sobre el cambio climático o el calentamiento global o, en general, de la posición de la izquierda que Milei ha criticado: «Otro de los conflictos que los socialistas plantean es el del hombre contra la naturaleza. Sostienen que los seres humanos dañamos el planeta» (Milei 2024a; ver también Alfrey 2023, pág. 2). Otro aspecto puede ser la fiscalidad, porque en la Argentina, igual que en otros países, se extiende un rechazo a los impuestos que desconcierta a los intervencionistas de izquierdas y de derechas y que Milei parece haber aprovechado, como dijo Santiago Luis Oría: «Javier lidera ahora una rebelión de modernos esclavos tributarios contra la casta política argentina» —Milei había utilizado la expresión *esclavos tributarios* en su discurso en Parque Lezama en noviembre de 2021— (Milei 2022a, págs. 78, 316).

Parece que estas ideas de Milei, y otras —desde «no hay plata» hasta «el que la hace la paga», pasando por su crítica incesante a «ese verso que dice que donde hay una necesidad nace un derecho»— conectan con la juventud argentina, que representa la mitad del país, y en particular con las personas más pobres, lo que al nuevo presidente no le asombra:

> «El liberalismo fue creado para liberar a las personas de la opresión de los monarcas derivados en tiranos. Es lógico que quienes están más contra las cuerdas, los menos favorecidos, abracen las ideas de la libertad» (Milei 2002a, págs. 287, 316).

Hay pensadores en la izquierda argentina que, por encima de los tópicos antiliberales al uso, se han atrevido a afrontar esta cuestión, clave para entender la victoria de Milei y sus posibilidades futuras: el liberalismo entendido como algo fundamentalmente popular, y no minoritario.

Así, han investigado ejemplos concretos de trabajadores, en particular los autónomos, que en la Argentina, igual que en España, fueron ignorados y luego castigados por los políticos y los sindicatos. Desde su modesta condición, manifiestan una inquebrantable vocación de persistir en lo que Smith pensaba que era la fuente de la riqueza: «El esfuerzo uniforme, constante e ininterrumpido de cada persona en mejorar su condición» (Smith 2020, pág. 440).

Ese esfuerzo por salir adelante, incomprendido cuando no despreciado por las élites supuestamente progresistas, aparece en numerosas personas trabajadoras y pequeños empresarios que rechazan el Estado y que no aspiran a subsidios o planes sociales sino a que los dejen trabajar en paz. Son ciudadanos que no están dispuestos a plegarse a las consignas populistas que les plantean «disyuntivas que o son poco prácticas o se vuelven directamente irritantes, como "la derecha versus los derechos"». Esos fueron los argentinos que «comenzaron a adherir a las propuestas de Milei como trabajadores orgullosos de su condición y actividad..., la prédica libertaria conectaba con una voluntad de mejora desplegada a través de esas actividades..., ese discurso liberal dice lo que muchos sentían y pensaban, pero no hallaba emisor» (Semán 2024, págs.196-197; ver también págs. 187-192).

La canción *Panic Show* del grupo de rock argentino La Renga, que Milei convirtió en emblema de su campaña, dice: «Todos corrieron, sin entender». Pero parece, en realidad, que muchos entendieron. Las posibilidades de Milei estriban en que sigan haciéndolo.

Sabido es que las condiciones no pueden ser más hostiles, como apuntó Rallo, señalando, empero, el éxito conseguido:

«El reto al que se enfrenta el presidente es triple: desarmar el hiper-Estado sin precedentes históricos sobre los que apoyarse, sin un absoluto respaldo ni interno ni externo a su agenda política y sin un mínimo de estabilidad macroeconómica en un país que se halla al borde del colapso. Sería desde luego prodigioso que la revolución liberal que Milei pretende ejecutar en Argentina avance sin sufrir algún importante traspié. Incluso que termine llegando a buen puerto. Pero, salvo que en el futuro terminara corrompiéndose y traicionando sus ideales libertarios, siempre habrá que reconocerle a Milei la gesta de lo que *ya* ha logrado: defender con valentía los principios fundamentales del liberalismo moderno y difundirlos, con un éxito inédito en la historia, dentro y fuera de Argentina» (Milei 2024d, pág. 16).

Conclusiones

«Para que las viejas verdades mantengan
su impronta en la mente humana
deben reintroducirse en el lenguaje y
los conceptos de las nuevas generaciones».
Friedrich A. Hayek

Incluso muchos argentinos que no han leído a Ortega y Gasset saben que pronunció una frase que los invitaba: «¡Argentinos, a las cosas!». Concluyo este libro con otras palabras que el gran pensador liberal español dedicó a la Argentina cuando apuntó que el país requería una reforma moral, pero «no en la contraposición *moral-inmoral*, sino en el sentido que adquiere cuando de alguien se dice que está *desmoralizado*» (Ortega y Gasset 2010, pág. 304).

Corría el año 1930 y se extendía y consolidaba en el país el antiliberalismo que iba a ser allí hegemónico durante prácticamente un siglo. Era cierta la desmoralización, y la reflejaron entonces los tangos con singular belleza y melancolía.

Todo indica, sin embargo, que muchos argentinos no están hoy desmoralizados, sino esperanzados. Es cierto que estuvieron esperanzados antes, y una y otra vez sus esperanzas se frustraron. También es cierto que Milei, a todos los efectos, acaba de llegar, que ignoramos el futuro y que nada está descartado: ni un nuevo desengaño ni una nueva crisis.

Incluso si salen las cosas bien, nada garantiza que sigan bien, y los eventuales avances de la Argentina hacia la libertad pueden ser derogables por un futuro Gobierno que vuelva a girar hacia el estatismo y el populismo. La credibilidad institucional del país, en efecto, es tan precaria que la continuidad de las políticas liberalizadoras, imprescindible para que surtan sus efectos benéficos, es cualquier cosa menos segura.

Sin embargo, como vimos al principio, la inquietud de los antiliberales de toda condición es obvia. Repiten sin cesar que el país, que al parecer venía de un pasado reciente rutilante, se ha precipitado al abismo de una «reacción contraria al avance progresista» y que la gente votó a Milei por cualquier motivo menos por sus ideas liberales (González 2023, págs. 28, 190-191).

Si es así, estaremos ante un efímero espejismo.

Espero, sin embargo, que no sea así y que las ideas, como acabamos de subrayar al final del último capítulo y como advertimos en el prólogo, importen. Así como el liberalismo presidió los mejores años de la Argentina y después fue arrinconado y segregado, es posible que haya regresado.

En tal caso, la llegada de Milei a la Casa Rosada de Buenos Aires no es un fugaz resplandor, sino algo más perdurable, en cuyo caso no importará que su intento se frustre. Algo que modifica la discusión sobre los grandes temas de nuestras sociedades. Algo que instala una nueva agenda política en la Argentina. Y más allá.

Bibliografía

Abal Medina, Juan Manuel (diciembre de 2023). El triunfo de Javier Milei o el final de la «anomalía» argentina. *Nueva Sociedad.*

Alberdi, Juan Bautista (1915). *Bases y puntos de partida para la organización política de la República Argentina.* Buenos Aires: Editorial La Cultura Argentina.

Alfrey, Evan E. (2023). *Biografía de Javier Gerardo Milei.* Kindle Edition.

Amat, Dolores (mayo-julio de 2023). Las modestas proposiciones de Javier Milei. *Bordes.* Año 7, N.º 29, págs. 107-110.

Bagus, Philippe (2023). *Anti-Rallo. Una crítica a la teoría monetaria de Juan Ramón Rallo.* Madrid: Unión Editorial.

Beker, Víctor (14 de septiembre de 2023). Los 4 ejes de la propuesta económica de Javier Milei. *Perfil.*

Benegas, José (2024). *Milei.* Barcelona: Deusto.

Blanco, María (2015). *Las tribus liberales.* Prólogo de Carlos Rodríguez Braun. Barcelona: Deusto.

Cachanosky, Roberto (12 de marzo de 2024). Del discurso al hecho, hay un largo trecho. *Infobae.*

Cachanosky, Nicolás (20 de marzo de 2024). *Un dilema de credibilidad en el plan económico de Milei.* Instituto Cato.

Cassidy, John (21 de noviembre de 2023). The Free-Market Fundamentalism of Argentina's Javier Milei. *The New Yorker*.

Centenera, Mar (17 de marzo de 2024). ¡Libertad (y pobreza), carajo! *El País*.

Cortés Conde, Roberto (1998). *Progreso y declinación de la economía argentina. Un análisis histórico institucional*. Buenos Aires: Fondo de Cultura Económica.

Coto, Joaquín (diciembre de 2022). Apuntes hacia un abordaje antropológico de la élite liberal. *Revista Sudamérica*. N.º 17, págs. 87-118.

Deist, Jeff (12 de abril de 2015). Rothbard on Libertarian Populism. *Mises Wire*.

Derbyshire, Jonathan (31 de agosto de 2023). Libertarianism is having a moment with Argentina's Milei. *Financial Times*.

Di Tella, Guido y Rodríguez Braun, Carlos (eds.). (1990). *Argentina 1946-83. The Economic Ministers Speak*. Londres: Macmillan.

Edwards, Sebastián (2023). *The Chile Project: The Story of the Chicago Boys and the Downfall of Neoliberalism*. Princeton NJ: Princeton University Press.

Elijo, Orlando (2023). *Milei y el despertar de los leones: el cambio disruptivo que sacudió al mundo*. Amazon Digital Services.

Fantino, Alejandro (14 de marzo de 2018). Entrevista con Javier Milei. Programa *Animales Sueltos*. https://www.youtube.com/watch?v=NL9RNuIKyOc

Fantino, Alejandro (23 de noviembre de 2023). Javier Milei presenta su Plan de Gobierno. Radio Neura. https://www.youtube.com/watch?v=R1Y_5xH7-ks

Garrison, Roger W. (2005). *Tiempo y dinero. La macroeconomía de la estructura del capital*. Madrid: Unión Editorial.

Gómez Rivas, León (2020). *La Escuela de Salamanca, Hugo Grocio y el liberalismo económico en Gran Bretaña*. Madrid: Editorial UFV.

González, Juan Luis (2023). *El loco. La vida desconocida de Javier Milei y su irrupción en la política argentina*. Buenos Aires: Planeta.

Henderson, David R. (7 de diciembre de 2023). New Argentine Leader's Economic Savvy. *Defining Ideas*, Hoover Institution.

Howden, David (20 de noviembre de 2023). The Economics of Javier Milei. Mises Institute.

Huerta de Soto, Jesús (primavera de 2009). El error fatal de Ben Bernanke. *Procesos de Mercado: Revista Europea de Economía Política*. Vol. VI, N.º 1, págs. 233-238.

Huerta de Soto, Jesús (2011). *Dinero, crédito bancario y ciclos económicos*. 5.ª ed. Madrid: Unión Editorial.

Huerta de Soto, Jesús (2023). Teoría del nacionalismo libertario. *Nuevos ensayos de economía política*. Madrid: Unión Editorial; págs. 101-119.

Klein, Daniel B. (3 de noviembre de 2023). «Liberal» as a Political Adjective (in English), 1769-1824. GMU Working Paper in Economics N.º 23-37.

Kordon Leonardo (2022). Lo nuevo al acecho. Javier Milei, derechos humanos y democracia en disputa. *Revista Argentina de Ciencia Política*. Vol 1, N.º 29, págs. 55-79.

La Libertad Avanza (2023). *Plataforma Nacional Electoral. Plan de Gobierno de La Libertad Avanza*. Buenos Aires: Cámara Nacional Electoral.

Liggio, Leonard P. (21 de enero de 1990). The Hispanic Tradition of Liberty. The Philadelphia Society.

Lynch, G. Patrick (23 de noviembre de 2023). Misunderstanding Milei. Law & Liberty.

Marty, Antonella y Benegas, José (22 de octubre de 2023). Javier Milei es un peligro para el liberalismo. *El Español*.

Marty, Antonella (6 de marzo de 2024). Milei, el populista «liberal» que sube impuestos y gobierna como un adolescente. *El Español*.

Milei, Javier G. 2004. Real Exchange Rate Targeting: ¿Trilema monetario o control de capitales? La Política fiscal. *Revista de Economía y Estadística*. Vol. 42, N.º 2, págs. 63-87.

Milei, Javier G. (2014). *Lecturas de economía en tiempos del kirchnerismo*. Prólogo de Ricardo López Murphy (ed. digital). Buenos Aires: Grupo Unión.

Milei, Javier G. (2015). *El retorno al sendero de la decadencia argentina*. Prólogo de Alberto Medina Méndez (ed. digital). Buenos Aires: Grupo Unión.

Milei, Javier G. (2019). *Desenmascarando la mentira keynesiana. Keynes, Friedman y el triunfo de la Escuela Austriaca.* Prólogo de Ricardo López Murphy, palabras preliminares de Diego Giacomini. 2.ª ed. Madrid: Unión Editorial.

Milei, Javier G. (2020). *Pandenomics. La economía que viene en tiempos de megarrecesión, inflación y crisis global.* Prólogo de Leonardo Facco (ed. digital). Buenos Aires: Galerna.

Milei, Javier G. (2022a). *El camino del libertario.* Prólogo de Alberto Benegas Lynch (h.) (ed. digital). Buenos Aires: Planeta.

Milei, Javier G. (2022b). Capitalismo, socialismo y la trampa neoclásica. En Federico N. Hernández y Jeremías Rucci (eds.). *Al maestro Dr. Alberto Benegas Lynch (h.). Homenaje de 65 autores.* San Isidro, Buenos Aires: Grupo Unión.

Milei, Javier G. (2023a). *El fin de la inflación.* Prólogo de Manuel Adorni (ed. digital). Buenos Aires: Planeta.

Milei, Javier G. (10 de diciembre de 2023b). Palabras luego de la asunción presidencial, desde el balcón de la Casa Rosada. https://www.casarosada.gob.ar/informacion/discursos/50257-palabras-del-presidente-de-la-nacion-javier-milei-luego-de-la-asuncion-presidencial-desde-el-balcon-de-la-casa-rosada#

Milei, Javier G. (17 de enero de 2024a). Discurso en el Foro de Davos. https://www.casarosada.gob.ar/informacion/discursos/50299-palabras-del-presidente-de-la-nacion-javier-milei-en-el-54-reunion-anual-del-foro-economico-mundial-de-davos

Milei, Javier G. (26 de febrero de 2024b). Discurso en la Conferencia Política de Acción Conservadora. CPAC. https://www.casarosada.gob.ar/informacion/discursos/50371-palabras-del-presidente-de-la-nacion-javier-milei-en-la-conferencia-politica-de-accion-conservadora-cpac-en-washington-estados-unidos

Milei, Javier G. (1 de marzo de 2024c). Discurso en el Congreso argentino. https://www.casarosada.gob.ar/informacion/discursos/50380-el-presidente-inaugura-el-142-período-de-sesiones-ordinarias-del-congreso

Milei, Javier G. (2024d). *El camino del libertario.* Prólogos de Alberto Benegas Lynch (h.) y Juan Ramón Rallo. Barcelona: Deusto.

Milei, Javier G. y Giacomini, Diego (2016). *Maquinita, infleta y devaluta: ensayos de economía monetaria para el caso argentino.* Prólogo de José Luis Espert (ed. digital). Buenos Aires: Grupo Unión.

Milei, Javier G. y Giacomini, Diego (2017). *Otra vez sopa: maquinita, infleta y devaluta.* 2.ª ed. (ed. digital). Buenos Aires: Editorial B de Books.

Milei, Javier G. y Giacomini, Diego (2019). *Libertad, libertad, libertad* (ed. digital). Buenos Aires: Galerna.

Milei, Javier G. Giacomini, Diego y Ferrelli Mazza, Federico (2014). *Política económica contra reloj: síntomas, diagnóstico y medidas para salir del cepo y volver a crecer* (ed. digital). Buenos Aires: Barbarroja Lib.

Mill, John Stuart (2006). *Principios de economía política, con algunas de sus aplicaciones a la filosofía social.* (ed. de W. J. Ashley). México: Fondo de Cultura Económica.

Mises, Ludwig von (2001). *Crítica del intervencionismo. El mito de la tercera vía.* Prólogo de Lorenzo Infantino. Madrid: Unión Editorial.

Mises, Ludwig von (2009). *Política económica. Seis lecciones sobre el capitalismo.* 2.ª ed. Prólogo de Alberto Benegas Lynch (h.). Madrid: Unión Editorial.

Munger, Michael C. (30 de noviembre de 2023). Argentina Agonistes: The Separation of Money and State. The Independent Institute.

Ocampo, Emilio (28 de febrero de 2024). La magia del banco central independiente. Instituto Cato.

Ortega y Gasset, José (2010). *Obras completas.* Tomo IV, 3.ª ed. Madrid: Santillana/Fundación José Ortega y Gasset.

Raisbeck, Daniel (14 de octubre de 2020). The Hispanic Tradition of Liberty. *Reason.*

Raisbeck, Daniel (30 de noviembre de 2023). Javier Milei and the Libertarian Tradition. Cato Institute.

Rallo, Juan Ramón (2019). *Una crítica a la teoría monetaria de Mises. Un replanteamiento de la teoría del dinero y del crédito dentro de la Escuela Austriaca de Economía.* Madrid: Unión Editorial.

Ravier, Adrián (23 de octubre de 2021). La Escuela Austriaca de Economía en la Argentina. *Infobae.*

Rodríguez, Tomás y González, Juan Luis (20 de mayo de 2022). Javier Milei, el gran copión: los seis plagios de su libro. *Noticias.*

Rodríguez Braun, Carlos (1986). Entrevista con F. A. von Hayek. *Revista de Occidente.* N.º 58, págs. 124-135.

Rodríguez Braun, Carlos (septiembre/octubre de 2001). Sir Arnold Plant contra las patentes y los derechos de autor. *Gaceta Jurídica de la Unión Europea y de la Competencia.* N.º 215, págs. 66-73.

Rodríguez Braun, Carlos (marzo-septiembre de 2008a). Social State and Anti-Social Envy. *Laissez-Faire.* N.º 28-29, págs. 54-63 [traducción al español en *Diez ensayos liberales.* Madrid: LID Editorial, 2008].

Rodríguez Braun, Carlos (octubre de 2008b). Early Liberal Socialism in Latin America. Juan B. Justo and the Argentine Socialist Party. *American Journal of Economics and Sociology.* Vol. 67, N.º 4, págs. 567-603 [traducción al español en *Diez ensayos liberales.* Madrid: LID Editorial, 2008].

Rodríguez Braun, Carlos (primavera de 2012). The Values of Free Enterprise versus the New Populism in Latin America. *The Independent Review. A Journal of Political Economy.* Vol. 17, N.º 1, págs. 19-34 [traducción al español en *Diez ensayos liberales II.* Madrid: LID Editorial, 2017].

Rodríguez Braun, Carlos (23 de agosto de 2021a). Diálogo con Javier Milei. https://www.carlosrodriguezbraun.com/videos/charla-con-javier-milei/

Rodríguez Braun, Carlos (2021b). Adam Smith's Liberalism. *The Review of Austrian Economics.* Vol. 34, págs. 465-478 [una primera versión en español en: Julio H. Cole (ed.). *A Companion to Adam Smith*, Guatemala: Universidad Francisco Marroquín, 2016].

Rodríguez Braun, Carlos (2024). Venerable síntesis liberal: los Diez Mandamientos. En *La cultura de la libertad.* Madrid: LID Editorial; págs. 127-140.

Rothbard, Murray N. (enero de 1992). Right-Wing Populism: A Strategy for the Paleo Movement. Rothbard-Rockwell Report, págs. 5-14.

Rothbard, Murray N. (1995). *La ética de la libertad.* Madrid: Unión Editorial.

Rothbard, Murray N. (23 de febrero de 2015). Anatomía del Estado. Centro Mises. https://www.mises.org.es/2015/02/anatomia-del-estado/

Schuettinger, Robert L. y Butler, Eamonn F. (2020). *4000 años de controles de precios y salarios*. Prólogo de Javier Milei. Madrid: Unión Editorial.

Secco, Luis (29 de marzo de 2024). Los primeros cien días de Milei: los Más, los Menos y los Pero. *Perfil*.

Semán, Pablo (coord.) (2024). *El ascenso de Milei. Claves para entender la derecha libertaria en la Argentina* (ed. digital). Buenos Aires: Siglo XXI Editores Argentina.

Skousen, Mark (2010). *La formación de la teoría económica moderna*. Madrid: Unión Editorial.

Slobodian, Quinn (22 de noviembre de 2023). Argentina: El monstruo de la corriente dominante. *Sin Permiso*.

Smith, Adam (2019). *La teoría de los sentimientos morales*. Madrid: Alianza.

Smith, Adam (2020). *La riqueza de las naciones*. Madrid: Alianza.

Talvi, Ernesto y Harguindeguy, Sofía (4 de abril de 2024). Descifrando el laberinto económico de Argentina: subir los precios para bajar la inflación. Real Instituto Elcano.

Tejada Yepes, Luis Fernando (22 de noviembre de 2023). *Javier Milei: las ideas libertarias*. Kindle Edition (ed. digital).

Zelmanovitz, Leonidas (22 de noviembre de 2023). Dollarization without Fiscal Prudence Is Not Possible. With Fiscal Prudence, It's not Necessary. American Institute for Economic Research.

Zimmermann, Eduardo (1995). *Los liberales reformistas. La cuestión social en la Argentina 1890-1916*. Buenos Aires: Sudamericana.

Índice onomástico

Índice temático